NFTs

Kunst, Immobilien, Musik, Sport, Gaming
einfach erklärt

von Konstantin Große
Ausgabe 1, 2021

Inhaltsverzeichnis

Vorwort

Lieber Leser,

mein Name ist Konstantin Große, ich bin seit 2013 im sogenannten "Krypto-Space" und habe viele Hochs und Tiefs durchgemacht, mehrere Bullenmärkte und Bärenmärkte erlebt und habe dabei sehr viel gelernt. Schon als Jugendlicher interessierte ich mich für die weite Welt des Internets, ich wollte alles wissen, alles erforschen. Kannst du dich noch erinnern als du zum ersten Mal von Bitcoin gehört hattest? Ich auf jeden Fall! Im Jahr 2009, als ich 17 Jahre alt war, lud ich mir aus Neugierde den TOR-Browser herunter und wollte das geheimnisvolle Darknet sehen. Damals sah ich all diese Seiten, auf denen man illegale Sachen kaufen konnte und war schockiert wie einfach es anscheinend war an solche Dinge zu kommen. Es wäre mir nicht Traum eingefallen dort irgendwas zu kaufen, denn meine Eltern haben mir seit Kindesalter eingetrichtert, das Drogen usw. schlecht sind und bis heute lasse ich die Finger von solchen Sachen, nicht mal Zigaretten oder Alkohol gibt es mittlerweile mehr bei mir. (Früher schon, zumindest Alkohol). Doch selbst wenn ich damals in Betracht gezogen hätte im Darknet etwas zu kaufen, hätte ich es nicht machen können. Denn man zahlte dort mit einer Währung, von der ich noch nie in meinem Leben gehört hatte, Bitcoin! Nach ein paar Stunden des Surfens im Darknet hatte es auch schon seinen Reiz verloren und ich vergaß es und diese neuartige Währung wieder für Jahre. Das nächste Mal, als ich von Bitcoin hörte, war 2011, als ein Klassenkamerad aus dem technischen Gymnasium mir erzählte, dass er sein ganzes Geld und sogar das seiner Eltern in Bitcoin gesteckt hätte. Er meinte damals mit seinen 19 Jahren, dass Bitcoin einmal sehr viel Wert sein würde, ähnlich wie Gold. Mein Klassenkamerad war nicht gerade ein Vorzeigeschüler, ich wusste, dass er schon einige Straftaten in seinem Leben begangen hatte. Vom Roller Diebstahl bis zum Rumsprühen mit einem Feuerlöscher auf einem Kinderspielplatz war alles dabei gewesen. Damals glaubte ich noch an den Blödsinn, dass Bitcoin eine Währung für Kriminelle sei und schenkte seiner Aussage somit keine große Aufmerksamkeit. Tja, heute hat dieser alte Klassenkamerad sein Leben komplett umgekrempelt, ist finanziell frei und fährt Lambo. Hätte ich doch damals auf ihn gehört, ich denke, solche Geschichten gibt es viele in der Krypto Welt.

Aber ich will mich nicht beschweren, im Jahr 2013 hatte ich es dann auch endlich geschnallt und meine ersten Bitcoin gekauft, was im Vergleich noch immer sehr früh war. Jedoch musste ich erst lernen, meine Gefühle in diesem Space in den Griff zu bekommen, ich habe viele Fehler gemacht und viel Geld liegen gelassen. Fehler, über die ich mich noch Jahre danach ärgerte. Aber heute schaue ich zurück und denke, dass es gut so war, denn ich habe daraus gelernt. Als Ende 2017 viele Leute den Absprung nicht geschafft haben, war ich schlauer und habe meine Fehler von damals wieder gut gemacht. Heute seh ich all das viel entspannter und trotzdem bin ich mir bewusst, dass wir mit dem Krypto-Space noch lange nicht am Ende sind. Im Gegenteil, die meisten Menschen unterschätzen, wo diese Rakete noch hingehen wird. So sicher wie mein alter Klassenkamerad war, dass es das Richtige war 2011 Bitcoin zu kaufen, so sicher war ich mir, als ich 2017 meine Kryptopunks und Kryptokitties kaufte. Und der völlig gerechtfertigte Hype um die NFTs beweist, dass die Blockchain Technologie imstande ist, die Welt, in der wir leben, komplett umzuwandeln und das zum Positiven, wenn wir das wollen!

Mit diesem Buch möchte ich meinen Teil dazu beitragen und dich an meiner inzwischen jahrelangen Erfahrung teilhaben lassen. Ich werde auf den folgenden Seiten zunächst allgemein auf NFTs eingehen und später speziell auf die Themen Kunst, Immobilien, Musik und Sport in Verbindung mit NFTs (Gaming ist überall ein bisschen dabei).

Ich hoffe, du wirst einen Mehrwert daraus ziehen!

Dein Konstantin.

Einführung

"Die Technologie ist real. Die Auswirkungen sind real und dauerhaft."

Das ist eine Aussage des milliardenschweren Investors und NBA-Franchise-Besitzers Mark Cuban, der an vorderster Front das Interesse an der Blockchain- und non-fungible Token (NFT) Technologie weckte. Cuban zufolge sind die Auswirkungen dieser monetären technologischen Veränderung messbar und nachhaltig. Sobald sie sich stabilisiert hat, wird sie die Art und Weise, wie Geld investiert, gesammelt, gespielt und verdient wird, verändern. Ob im Sport, in der Unterhaltung, im Gaming, in der Kunst, in der Musik oder in der Mode non-fungible Token passen perfekt in jede Branche oder jeden Bereich. In den letzten Monaten wurde zunehmend über diese revolutionäre Technologie gesprochen, aber noch nicht jeder kennt sie, und ihr Potenzial ist noch nicht vollständig erschlossen. Non-fungible Token, einfacher als NFTs bezeichnet, sind eine einzigartige digitale Ressource. Was der non-fungible-Token schafft, ist eine nachweisbare digitale Knappheit, die zu einem einzigartigen Wert führt. Diejenigen, die sich bereits ein wenig mit Blockchain, Kryptowährungen und Token auskennen, wissen, wovon ich spreche und können diese Art von Technologie besser erfassen. In einfachen Worten könnte man sagen, dass ein fungible Token aus digitalen Informationen besteht, die in einer Blockchain aufgezeichnet sind und dem Objekt ein bestimmtes Recht verleihen, das als Eigentum erkennbar ist. Token sind im Wesentlichen ein Echtheitszertifikat, während "fungible" sich auf die Replizierbarkeit und Austauschbarkeit von Kryptowährungen wie Bitcoin, der 2009 geschaffenen Kryptowährung, oder auch einer Fiat-Währung (Dollar, Euro, Pfund usw.) bezieht. Non-fungible-Token zeichnen sich gerade durch ihre Nicht-Fungibilität, also ihre Nicht-Austauschbarkeit, aus. Sie sind in der Lage, einen virtuellen Vermögenswert eindeutig zu repräsentieren und sind authentisch, einzigartig und verschlüsselt.

Ein Bild in einer .jpg-Datei kann z. B. unzählige Male reproduziert werden, der Token jedoch nicht, und es ist der Token selbst, der dem Bild einen Wert verleiht und es ermöglicht, es zu kaufen, zu verkaufen und zu sammeln wie die schönsten Kunstwerke. Der gekaufte Token ist also eine Bescheinigung für das Medium oder das digitale Werk, nicht das Werk selbst. NFTs verleihen einem digitalen Werk folglich alle Rechte, die es auch als physisches Werk hätte: Seltenheit, Authentizität und Eigentum. Das ist es, was ein NFT so außergewöhnlich macht. Nicht-fungible Token verändern die digitale Welt für immer. Es ist ein bisschen so, als würde ein Künstler ein Kunstwerk nur für eine Person schaffen: Viele mögen es im Internet bewundern und seine

Schönheit schätzen, aber nur derjenige, der es kauft, hat die Eigentumsrechte, einschließlich der Möglichkeit, es weiterzuverkaufen und einen Gewinn zu erzielen. Über NFT zu sprechen, ist ein bisschen so, als würde man auf ein Paralleluniversum verweisen, das exponentiell wächst. In der Tat werden in den jüngsten Darstellungen von NFT Worte wie "Manie" und "Blase" verwendet, um die Situation zu beschreiben. Im Jahr 2020 überstieg das Handelsvolumen des NFT-Marktes 250 Millionen US-Dollar, was einer Vervierfachung gegenüber 2019 entspricht, und selbst zum Zeitpunkt der Veröffentlichung dieses Buches wächst er minütlich weiter. Es ist eine Welt, die schnell die Aufmerksamkeit von Prominenten, internationalen Künstlern, Sportlern, digitalen Kreativen, Unternehmern, Influencern und vielen anderen auf sich gezogen hat. Es gibt mittlerweile erstaunliche Berichte über den Erfolg von NFTs. So hat beispielsweise die NFT-Plattform der NBA, NBA Top Shot, einen Clip von Lebron James beeindruckendem Dunk für 208.000 Dollar verkauft, oder Lindsay Lohan hat ein Foto von sich für 50.000 Dollar verkauft und den Erlös für wohltätige Zwecke gespendet. Die gleichen Prominenten, die sich für non-fungible Token interessieren, haben sie ins Rampenlicht gebracht, indem sie sie zum Mainstream gemacht und Rekordsummen erzielt haben. Außerdem sind NFTs in praktisch jeder Branche zu finden, von der Wirtschaft über soziale Medien bis hin zu Kunst, Musik, Gaming, Sport und

Unterhaltung. Die Exklusivität der digitalen Dateien hat dazu geführt, dass sie für Millionen von Dollar verkauft werden. Nach dem Prinzip der granularen Preisstaffelung verkauft ein Künstler seine exklusivsten Werke zu höheren Preisen und nachfolgende Werke zu niedrigeren Preisen. Darüber hinaus sind NFTs gerade deshalb so erfolgreich, weil sie alle Zwischenhändler überflüssig machen: Künstler und Käufer stehen auf ganz neue Weise in direktem Kontakt.

Die berühmte Pop-Sängerin Grimes ist eine Freundin des bekannten Unternehmers Elon Musk, sie verdiente 5,8 Millionen Dollar in weniger als 20 Minuten durch den Verkauf ihrer NFTs auf Nifty Gateway, einem der beliebtesten Marktplätze. Die Kollektion trug den Titel "War Nymph". Sie zeigt geflügelte Kinder mit Wurfspeeren, Tattoos und Elfenohren in einer dystopischen Welt. Die Sängerin kündigte die Versteigerung ihrer NFTs zunächst in einem Tweet an und schrieb schlicht: "Enter the void". In Bezug auf diese digitale Welt erklärte sie: "Die digitale Welt macht die Welt seltener und kostbarer. Sie bietet auch Eskapismus und Perfektion. Manchmal will ich Unvollkommenheit, das echte Leben. Manchmal will ich Perfektion." Auch die Band "Kings of Leon" haben bereits von dem NFT-Hype profitiert und haben ihr Album "When You See Yourself" als NFT auf der Yellowheart-Plattform veröffentlicht. Das Album ist in herkömmlichen Formaten für jedermann erhältlich, aber die NFT-Varianten wurden für 50 Dollar verkauft und boten jeweils verschiedene Vergünstigungen: digitale Downloads, Konzerttickets und eine limitierte Vinylausgabe des Albums. Auf diese Weise wird das Digitale zum Physischen und umgekehrt und schafft ein einzigartiges und originelles Angebot. Und sogar in Deutschland sieht man bereits im Mainstream erste Auswirkungen des NFT Hypes. Der deutsche Rapper Bushido kündigte vor kurzem an, einzelne Bonus Songs kommender Alben als NFTs herauszubringen.

Vor etwas mehr als einem Jahr versteigerte Twitter-Gründer und CEO Jack Dorsey auch das NFT seines ersten Tweets aus dem Jahr 2006, in dem er erklärte: "Ich richte gerade mein Twitter ein". Es wurde für 2,9 Millionen Dollar verkauft, und er spendete den Erlös für wohltätige Zwecke. Die Plattform, auf der er sein NFT verkaufte, war "Valuables by Cent". Wenn sogar der Technik-Enthusiast und Gründer einer so populären Plattform wie Twitter in die Welt der NFT-Auktionen einsteigt, können wir davon ausgehen, dass hier ein gewisses Potenzial vorhanden ist. Das krasseste Beispiel dafür? Beeple, ein ursprünglich aus South Carolina stammender digitaler Grafikdesigner, hat am 11. März 2021 um 16 Uhr mit dem Verkauf seines Werks mit dem Titel "The First 5000 days" für 69,3 Millionen Dollar, dem höchsten jemals von einem digitalen Künstler erzielten Preis, eine echte Krypto-Kunsthype ausgelöst. Das berühmte Kunstauktionshaus Christie's setzt auf

"MakersPlace", um den neuen digitalen Trend zu unterstützen und sieht große Chancen für eine Kunstwelt, in die auch die jüngeren Generationen, die an digitale Kreationen gewöhnt sind, investieren können. Wie kann ein immaterielles Gut, das jeder sehen kann, einen solchen Wert erreichen? Wie und wer kann seine Werke in NFT erstellen und verkaufen? Welche Anwendungen und Ergebnisse kannst möglicherweise auch du in Zukunft hervorbringen? Ist dies ein stabiler Markt, in den man investieren sollte?

In diesem Leitfaden werde ich diese und ähnliche Fragen beantworten, indem ich dich in die außergewöhnliche neue Welt von non-fungiblen Token mitnehme: was sie sind, wie sie entstehen, was ihr Markt ist, welche Verwendungsmöglichkeiten, Chancen, Vor- und Nachteile sie haben und vieles mehr, einschließlich berühmter Sammlungen und Künstler sowie Fallstudien zu einem Phänomen, das ebenso revolutionär wie neu ist. Die Möglichkeiten des Verkaufs, des Sammelns, des Investierens und des Verdienens machen non-fungible Token zu einer überzeugenden technologischen Chance. Diese Chance wird auch in Zukunft bestehen bleiben, da sie wahrscheinlich immer mehr Märkte und Verwendungszwecke finden wird. Beginnen wir also ohne Umschweife mit unserer klaren, einfachen, gründlichen und anfängerfreundlichen Analyse von NFTs.

Ein Abstecher in die Vergangenheit

Obwohl der explosive Erfolg von NFTs erst vor relativ kurzer Zeit seinen Lauf genommen hat, sind NFT keine neue Technologie. Seit dem Aufkommen von Bitcoin sind Projekte entstanden, die sich das besondere interne Protokoll der Bitcoin-Blockchain zunutze machen. Durch genaue Beobachtung der Herkunft eines bestimmten Bitcoin kann eine Reihe von Coins markiert werden, um sie von den anderen zu unterscheiden. Diese Coins können dann besondere Eigenschaften und einen vom Nennwert des Bitcoin unabhängigen Wert haben. Die Verwendung dieser Protokolle hat Token hervorgebracht, die als "colored Coins" bezeichnet wurden. Diese farbigen Coins, die um 2012-2013 entstanden, waren die ersten NFTs in der Geschichte. Die Funktionsweise von Farbcoins unterscheidet sich nicht wesentlich von non-fungiblen Token, wie wir sie kennen: Ihr Zweck ist es, eine Vielzahl von Ressourcen in Metadaten zu repräsentieren. Der Hauptgrund, warum farbige Coins erfunden wurden, ist, die Tür für die Entwicklung neuer Funktionen in Bitcoin zu öffnen. Die Möglichkeit, Token zu schaffen, die mit Dingen in der realen Welt verbunden sind, und diese durch ein Blockchain-Netzwerk zu unterstützen, stellte eine einzigartige Gelegenheit dar. Farbige Coins nutzten das

Transaktionsmodell namens Genesis und ebneten den Weg für neue Experimente, insbesondere im Hinblick auf die Platzierung von Vermögenswerten der realen Welt in verteilten Ledgern. Im Jahr 2014 wurde Counterparty, eine Open-Source-Plattform, auf der Peer-to-Peer-Anwendungen entwickelt werden können, ins Leben gerufen. Ursprünglich waren diese Anwendungen auf den Finanzsektor auf der Bitcoin-Blockchain ausgerichtet. Derzeit implementiert und unterstützt das Protokoll die Erstellung von Vermögenswerten, die Ausgabe von Anleihen aus diesen Vermögenswerten und den Handel mit Vermögenswerten über einen dezentralen Markt. Das Open-Source-Protokoll ermöglicht das Schreiben von Smart-Contracts (intelligente Verträge), die viele reale Handlungen in einen Code verwandeln, der automatisch und ohne Vermittler funktioniert und sehr sicher ist.

Counterparty entstand aus dem Wunsch heraus, alle mit der Blockchain verbundenen und durch farbige Coins ermöglichten Ressourcen zu entwickeln. Die Gründer, Robert Dermody, Adam Krellenstein und Evan Wagner, haben alles auf einem Token namens XCP aufgebaut. Die Idee von Counterparty wurde 2014 sehr bekannt und führte zum ersten Blockchain-basierten Spiel aller Zeiten, Sells of Genesis, und zur Erfindung von Sammelkartenspielen wie "Force of Will" im folgenden Jahr. Danach hielten Memes Einzug in die Blockchain-Sphäre, insbesondere 2016 mit den "Rare

Pepes", Bildern von Pepe the Frog, dem grünen anthropomorphen Frosch mit humanoidem Körper aus dem Comic "Boy's Club" von Matt Furie. Dieser Moment schien den Menschen die Türen zu öffnen, um die Möglichkeit zu erkennen, einen bedeutenden Markt für einzigartige digitale Sammlerstücke zu entwickeln. Das entscheidende Jahr für die Entstehung der ersten NFTs war 2017, als Ethereum an Bedeutung zu gewinnen begann, zunächst durch die Ankündigung einer eigenen Sammlung einzigartiger Pepe- oder Peperium-Memes und dann endgültig mit den mittlerweile berühmten "Cryptopunks". Der Durchbruch kam, als John Watkinson und Matt Hall erkannten, dass sie einzigartige Charaktere erstellen konnten, die auf der Blockchain von Ethereum generiert wurden. Die Charaktere waren limitierte Versionen, und keine zwei Charaktere waren gleich. Dies war die Geburtsstunde des Projekts CryptoPunks. Watkinson und Hall beschlossen, jedem, der eine Ethereum-Brieftasche besitzt, die Möglichkeit zu geben, einen Cryptopunk kostenlos zu beantragen, und so geschah es, dass alle Charaktere beansprucht wurden. Nach diesem Erfolg wurde das erste Blockchain-basierte virtuelle Spiel geboren, das es Spielern ermöglicht, virtuelle Katzen zu adoptieren, zu züchten und zu handeln. Es heißt "Cryptokitties" und ist perfekt für alle, die in den 90er Jahren gerne mit Tamagotchi gespielt haben. Das Projekt wurde schnell bekannt und sorgte für Schlagzeilen in den großen Medien, weil die Leute mit dem Verkauf digitaler Kätzchen für bis zu 100.000 Dollar wahnsinnige Gewinne erzielten. Bald darauf entwickelten die Urheber von Cryptokitties das Unternehmen Dapper Labs, was das Geschäft ankurbelte und die Investoren noch mehr interessierte.

Heute gibt es viele Projekte, die auf NFTs basieren. Dank der virtuellen Geldbörse Metamask (eine der beliebtesten) kannst du beispielsweise deine virtuellen Coins importieren und in Ethereum, die Währung der meisten NFTs, umtauschen. Danach kannst du Token auf den florierendsten Märkten und über verschiedene Marktplätze kaufen, von denen der bekannteste "OpenSea.io" ist.

Die Ethereum-Plattform basiert auf verschiedenen technischen Standards für unterschiedliche Arten von Token, die eine reibungslose Interaktion ermöglichen. Der am weitesten verbreitete Standard ist ERC20, wobei ERC für "Ethereum Request for Comment" steht. Heute basieren NFTs auf dem ERC721-Standard, der speziell entwickelt wurde, um die Bewegungen und Eigenschaften einzelner Token zu verfolgen und sie zu erkennen.

Die Geschichte der NFTs ist jung und kurvenreich, und angesichts der Vielzahl von Projekten und des enormen Umsatzes können wir sicher davon ausgehen, dass das Wachstum exponentiell sein wird. Investitionen in einzigartige digitale Produkte werden immer schneller und öfter getätigt. Die digitalen Sammler haben sie zu einem wahren Hype gemacht. Der Markt vergrößert seine Reichweite durch die Einführung von NFTs, die den Bedürfnissen der Käufer entsprechen, die sich über die Rendite ihrer Investitionen freuen können.

NFTs haben nicht nur wegen der Prominenten, die an ihrer Entwicklung, ihrem Kauf und ihrem Verkauf beteiligt waren, einen solchen Bekanntheitsgrad erreicht, sondern auch wegen etwas, das den NFTs selbst innewohnt: ihre Fähigkeit, Werte zu schaffen. Um zu verstehen, was NFTs sind, muss man nicht nur die Technologie kennen, auf der sie basieren, sondern auch einige Schlüsselkonzepte verstehen. Dieses Wissen wird die Schönheit von NFTs offenbaren, und du wirst erstaunt sein, welche Auswirkungen sie auf das Leben aller Menschen und ihre zukünftige Ausrichtung haben. Um das Thema besser zu verstehen, werden wir versuchen, mit den Grundlagen zu beginnen und jeden wesentlichen Begriff gründlich zu überprüfen.

Die Bestimmung des Wertes

Menschen messen vielen Dingen einen Wert bei, darunter Gegenständen, Aktivitäten, Zielen, Karrieren und vielem mehr. Wenn man eine Gruppe von Menschen fragen würde, was für sie ein wertvolles Erlebnis oder eine wertvolle Sache ist, würde man eine breite Palette von Antworten erhalten, darunter vielleicht einen luxuriösen Sportwagen, einen schönen Spaziergang an einem Traumstrand, das Zusammensein mit Freunden, das Hören guter Musik usw. Der rote Faden, der sich durch diese Antworten zieht, ist der Wunsch an sich. Was tendenziell als wertvoll angesehen wird, wird aufgrund des innewohnenden Verlangens, das bei der Erreichung oder Befriedigung dieses Verlangens empfunden wird, als solches betrachtet. Wir begehren Objekte, Erfahrungen oder andere Dinge nicht wegen des Gefühls, das sie hervorrufen, sondern wegen des Wunsches, den sie befriedigen. Und Begehren schafft subjektiven Wert. Das Konzept des Wertes ist eng mit den Präferenzen verknüpft, die in der Regel willkürlich sind und davon abhängen, was eine bestimmte Person glaubt, begehrt oder wahrnimmt. Durch Begehren werden die Gründe für das Streben nach Vergnügen aufrechterhalten. Und je mehr Wünsche befriedigt werden, desto mehr Wert wird geschaffen. Der subjektive Wert ist also der Wert, den jeder Einzelne einem Gut zuzuordnen bereit ist. Er ist also willkürlich und vorübergehend. Denke einmal darüber nach: Ein dringendes Bedürfnis kann den Wert eines Gutes im Vergleich zu dem, was als normal oder durchschnittlich angesehen werden könnte, exponentiell erhöhen.

Der Versuch, einen objektiven Wert zu definieren, ist nicht so einfach. Obwohl wir von einer vorübergehenden und nicht willkürlichen Objektivität der Preise sprechen können (wenn der Preis einer Ware nicht von einer zentralen Stelle festgelegt wird), gibt es keine vernünftige Möglichkeit, den Wert objektiv zu bestimmen. Daher ist jeder Wert, der nicht zwangsweise von einer Behörde festgelegt wird, ausschließlich subjektiv: Der Marktpreis wird durch subjektive Bewertungen gebildet. Der Wert ist also nicht etwas, das dem Produkt innewohnt. Er ist nicht eine seiner Eigenschaften, sondern einfach die Bedeutung, die wir der Befriedigung unserer Bedürfnisse in Bezug auf unser Leben und unser Wohlbefinden beimessen.

SUBJEKTIVER WERT UND MARKTWERT

Die Korrelation zwischen subjektivem Wert und Marktpreisen ist einer der unmerklichsten Aspekte der modernen Wirtschaft. Es ist der Zusammenhang zwischen dem subjektiven Wert und den objektiven Geldpreisen. Wenn es um den subjektiven Wert geht, gibt es keine einheitliche Maßeinheit. Durch die Zuschreibung von Wert schätzen und klassifizieren Menschen Güter nach ihren Präferenzen. Der Begriff der Wertschöpfung spielt in der Managementlehre eine zentrale Rolle. Der Begriff "Marktplatz" hat zwei mögliche Bedeutungen. Erstens ist er ein physischer Ort, an dem Menschen ein Produkt oder eine Ware verkaufen, kaufen oder tauschen - beispielsweise ein Supermarkt, ein Einkaufszentrum oder ein Autohaus; er kann auch digital sein und Plattformen wie eBay, Amazon, Alibaba und viele andere umfassen. Zweitens kann der Begriff "Markt" oder "Marktplatz" auch die Existenz von Menschen beschreiben, die eine bestimmte Art von Produkt kaufen, verkaufen oder tauschen möchten. Es gibt einen Markt in dem Sinne, dass es ein bestimmtes Produkt gibt, das Begehrlichkeiten weckt und an den Geschmack oder die Vorlieben der Verbraucher angepasst werden kann. Ein Markt wird nach den folgenden verschiedenen Ansätzen organisiert: Freier Wettbewerb liegt vor, wenn der Preis durch das Aufeinandertreffen der von konkurrierenden Unternehmen angebotenen Waren oder Dienstleistungen gebildet wird und die Verbraucher die Freiheit haben, zwischen verschiedenen Angeboten zu wählen.

Oligopol: Das Angebot wird von einer kleinen Anzahl von Anbietern gemacht.

Monopol: liegt vor, wenn der Verbraucher keine andere Wahl hat, als den durch das Angebot vorgegebenen Preis zu akzeptieren.

Das Aufkommen des freien Marktes hat viele Vorteile für das Gemeinschaftsleben mit sich gebracht. Die Bedürfnisse der Verbraucher und der Wert, den sie Waren oder Dienstleistungen beimessen, werden in der Marktforschung und im Marketing stets in den Vordergrund gestellt. Dieses Verständnis des Begriffs ist viel abstrakter: Ein Markt existiert, wenn es viele Menschen gibt, die ein Interesse daran haben, ein bestimmtes Produkt, eine Dienstleistung, eine Information oder eine Währung zu kaufen oder zu verkaufen. Bei allen materiellen Gütern wird der Marktwert durch Angebot und Nachfrage bestimmt, also durch das Verhältnis zwischen der Menge der verfügbaren Güter und der Nachfrage. Ein sehr begehrtes, aber knappes Gut erhält seinen Wert durch den Wettbewerb zwischen denjenigen, die es haben wollen, während ein Gut, das in großen Mengen oder unbegrenzt verfügbar ist, selbst wenn es sehr begehrt ist, keinen Wert erhält, weil diejenigen, die es besitzen wollen, es leicht bekommen können.

Bei materiellen Gütern spricht man vom Konzept der Knappheit von Gütern, das in der digitalen Welt schon lange nicht mehr gilt. Ein Markttest ist das Instrument, das Unternehmen einsetzen, um herauszufinden, welche Art von Menschen an einem Produkt, das auf den Markt gebracht werden soll, interessiert sein könnten. Mit Hilfe dieses Tests können die Unternehmen feststellen, wie viel Geld die Menschen bereit sind, für ihre Produkte auszugeben. Die Ergebnisse zeigen, dass unterschiedliche Menschen an verschiedenen Arten von Produkten interessiert sind und dass einige bereit sind, einen bestimmten Betrag für eine bestimmte Art von Produkt auszugeben.

Die Unternehmen von heute hören auf die Bedürfnisse der Verbraucher und gehen auf sie ein. Die klassische Wirtschaftswissenschaft basiert seit jeher auf dem Prinzip der Knappheit, das häufig die Preise bestimmt und sich auf die Produkte konzentriert, die 80 % der Bevölkerung zufrieden stellen. Dank des Internets haben sich die Möglichkeiten exponentiell erweitert. Das Internet bietet größere Marktchancen, weil es ein globales Publikum erreicht, was bedeutet, dass praktisch jedes Produkt oder Gut seinen Bezugsmarkt findet. Das war der Traum von Chris Anderson mit der "Long Tail"-Strategie, einer auf statistischen Analysen basierenden Einzelhandelsstrategie, bei der es vorzuziehen ist, eine große Anzahl einzigartiger Artikel in relativ kleinen Mengen zu verkaufen, anstatt eine kleine Anzahl beliebter Artikel in großen Mengen. Auf dem Internetmarkt gibt es sehr oft keine Zwischenhändler. Daher sind Vertrauen und Mund-zu-Mund-Propaganda von großer Bedeutung und stellen die gängigsten Online-Marketingmethoden dar.

Vermögenswerte (Assets)

Ein fungible Asset (austauschbarer Vermögenswert) ist aus dem schlichten Grund ersetzbar, weil es denselben Wert wie ein anderes fungible Asset besitzt. Ein Bitcoin ist beispielsweise ein fungible Asset, weil ein Bitcoin genau denselben Wert hat wie ein anderer Bitcoin.

Um den genauen Unterschied zwischen fungible und non-fungible Assets besser zu verstehen, ist es wichtig, die Konzepte von Assets, Token, Tokenisierung und Blockchain zu kennen. Was ist ein Vermögenswert? Ein Vermögenswert ist ein Begriff aus dem Finanzwesen, der sich auf alles bezieht, dem ein Geldwert zugewiesen werden kann und das nützlich oder begehrenswert sein kann. Dabei kann es sich um etwas Physisches, Digitales oder Abstraktes handeln oder um etwas, das dazu beiträgt, Erträge zu erzielen

Fungibility (Fungibilität bzw. Austauschbarkeit) ist eine wünschenswerte Eigenschaft für eine Währung, weil sie einen freien Austausch ermöglicht, wenn es keine Möglichkeit gibt, die "Geschichte" jeder einzelnen Einheit zu kennen. Im Hinblick auf Sammlerstücke ist Fungibilität jedoch keine nützliche Eigenschaft. Ein non-fungible Asset ist etwas, das nicht austauschbar oder gar teilbar ist, z. B. ein Auto, eine Immobilie oder eine einzigartige Sammelkarte. Diese können nicht geteilt werden, weil sie nicht den gleichen Wert haben. Ein

Token ist nichts anderes als die digitale Darstellung eines Vermögenswertes, der alles sein kann, solange er erkennbare und zertifizierbare Eigenschaften hat. In der Welt der Blockchain-Technologie ist ein Token ein virtuelles Gut, dessen Wert von einer Organisation ausgegeben wird. Token sind Werteinheiten; sie stellen einen digitalen Vermögenswert dar. Das kann eine Kryptowährung, aber auch ein physisches Produkt oder ein Objekt usw. sein. Im weitesten Sinne ist ein Token ein Objekt, das nur in einem bestimmten Kontext einen bestimmten Wert hat. Wie wäre es mit einem Beispiel?

Kasinochips. Diese Chips sind nur ein Stück Plastik, das außerhalb der Kasinomauern nichts wert ist. Erst in diesem Kontext wird ihr Wert vereinbart und sie werden zur Repräsentation eines Vermögenswerts. Historisch gesehen sind Token Wertmarken, die in einem bestimmten Kontext Coins mit Wert schaffen. Der Wert eines Tokens ist also das, was sein Urheber ihm zu geben beschließt. Der Moment, in dem einem Token diese Eigenschaft und dieser Wert zugewiesen wird, wird als Tokenisierung bezeichnet und findet im Rahmen der Blockchain-Technologie statt. Die Blockchain ist eine Technologie, die mit einer Datenbank gleichgesetzt werden kann, die klassifizierte Daten in Computern und Netzwerken sammelt.

DIE BLOCKCHAIN TECHNOLOGIE

Die Blockchain-Technologie stützt sich auf drei Säulen:

Dezentralisierung, Unveränderlichkeit, Transparenz.

Blockchain ermöglicht ein dezentrales Modell, bei dem ein einzelner Computer nicht die Kontrolle über das gesamte Netzwerk hat. Ein dezentrales System ermöglicht eine größere Transparenz: Jede Bewegung wird in der Blockchain aufgezeichnet, und jeder kann das Protokoll der Bewegungen und Transaktionen kontrollieren. In der physischen Realität ist es fast unmöglich, ein Modell mit einem solchen Maß an Transparenz zu finden, bei dem alles aufgezeichnet wird und für jeden einsehbar ist. Außerdem können diese Daten in keiner Weise verändert werden und sind daher unveränderlich.

Durch die Tokenisierung eines digitalen Vermögenswerts innerhalb der Blockchain-Technologie kann ein non-fungible Token geschaffen werden: Ein NFT ist die einzigartige Repräsentation eines realen oder digitalen Vermögenswerts, der nicht gegen ein Äquivalent getauscht werden kann, da ein Äquivalent nicht existiert. Es gibt auf der Welt keine NFT, die einer anderen gleichkommt. Die Anwendungsmöglichkeiten von NFTs sind endlos und erstrecken sich über alle Bereiche, einschließlich Musik ,Kunst, Sammlerstücke verschiedener Art, Online-Games, exklusive Luxusgüter, virtuelle Immobilien und vieles mehr. Die Blockchain-Technologie verleiht digitalen Vermögenswerten einzigartige Eigenschaften, indem sie den Menschen das Eigentum und die Verwaltung des Tokens sowie die Möglichkeit bietet, es auf eine dezentrale, transparente und unveränderliche Plattform zu übertragen.

Blockchain einfach erklärt

Blockchain ist eine gemeinsam genutzte und unveränderliche Datenkettenstruktur. Es handelt sich um einen digitalen Ledger (Kassenbuch/Register), welcher Daten enthält, die in Blöcken gruppiert sind, welche wiederum in chronologischer Reihenfolge aneinandergereiht sind und deren Integrität und Glaubwürdigkeit durch den Einsatz von Kryptographie gewährleistet wird. Außerdem kann der Inhalt nicht geändert oder gelöscht werden, es sei denn, die gesamte Struktur wird ungültig gemacht. Diese Technologie gehört zur Familie der sogenannten distributed (verteilten/dezentralen) Ledger. Das Blockchain-System ist auf mehrere Knotenpunkte verteilt, und es gibt kein einziges Kontrollzentrum. Jede Transaktion wird also aufgezeichnet. Dadurch wird die Integrität des Prozesses selbst gestärkt. Das Ganze basiert auf einer Reihe von Eigenschaften, die das Fundament des gesamten Systems darstellen und die als die drei Grundpfeiler der Blockchain definiert werden können:

Die Dezentralisierung bietet die Möglichkeit, Vermögenswerte ohne eine einheitliche Verwaltung zu transferieren; sie erlaubt beispielsweise den Transfer von Geld ohne die Intervention eines Bankinstituts. Die Macht liegt in einem verteilten System nicht nur bei einer einzigen Instanz. In der Blockchain gibt es keine Vermittler zwischen den Akteuren.

Unveränderlichkeit kann als die Fähigkeit einer Blockchain definiert werden, unverändert und unveränderlich zu bleiben. Keine Daten können verändert werden, und die Datenbank kann in keiner Weise manipuliert werden, da jeder Block durch einen Hash-Wert eindeutig identifiziert wird.

Die Transparenz ermöglicht es den Menschen zu sehen, wie einfach und sicher das System ist. Jeder kann die Transaktionen auf der Blockchain einsehen, nicht aber einzelne Daten. Dies ermöglicht ein klares System, das es den Eigentümern erlaubt, ihre Daten und alle damit verbundenen Bewegungen zu kontrollieren. Auf diese Weise ist die Privatsphäre der Nutzer absolut geschützt.

Wir sind daran gewöhnt, bei Blockchain an die Grundtechnologie von Bitcoin zu denken, aber Blockchain hat noch viele andere Möglichkeiten. Blockchain ist nicht nur eine Sache, sondern die Abkürzung für eine ganze Reihe verteilter Technologien, die in der Lage sind, jede Art von wertvollen Inhalten aufzuzeichnen, z.B. Finanztransaktionen, Grundbesitz oder medizinische Daten. Obwohl wir bereits über Prozesse verfügen, die diese Art von Daten aufzeichnen können, hat die Blockchain-Technologie das Potenzial, die Art und Weise, wie Menschen miteinander interagieren, vollständig zu revolutionieren. Blockchain ist eine verteilte Struktur zur Verwaltung von Daten oder Kryptowährungen ohne Verwaltung, bei der die Menschen nichts voneinander wissen. Da das gesamte System einwandfrei funktioniert, wird das Gefühl des Vertrauens gestärkt. Die Blockchain gehört zur Familie der DLT-Technologien (Distributed Ledger Technology), die zur Unterstützung der Kryptowährung Bitcoin eingeführt wurden, deren Gründung durch die extreme Ablehnung von staatlich garantiertem Geld und bankgesteuerten Zahlungen motiviert war. Die Idee des Bitcoin-Erfinders Satoshi Nakamoto war es, dass Menschen Geld ohne Reibungsverluste, Mittelsmänner, Vorschriften oder die Notwendigkeit, andere Parteien zu kennen oder ihnen zu vertrauen, ausgeben können. Stattdessen können sie ihr Vertrauen einfach auf ein funktionierendes, transparentes und sicheres System stützen. Die Blockchain speichert Informationen in Blöcken, die durch eine fortlaufende Kette miteinander verbunden sind. Jedes Mal, wenn du Informationen in der Chain speicherst, fügst du damit im Grunde genommen einen Block hinzu, ohne etwas zu verändern oder neu zu schreiben. Dies liegt daran, dass die Technologie auf einer nicht-destruktiven Methode zur Aufzeichnung von Daten oder Änderungen basiert, die sie im Ledger speichert, wobei jede einzelne Aktion verfolgt und chronologisch aufgezeichnet wird. Im Gegensatz zu allen anderen Datenspeichersystemen ist die Blockchain dezentralisiert.

Dank der Dezentralisierung kann die Blockchain-Technologie über ein großes, über die ganze Welt verteiltes Netzwerk von Computern verteilt werden. Diese

Eigenschaft verringert die Möglichkeit der Manipulation der aufgezeichneten Daten, was ein vollständiges Vertrauen in die Daten ermöglicht. Bevor ein Block in die Kette aufgenommen wird, findet eine Reihe von Schritten statt, die den Prozess wesentlich sicherer machen. Computer, die die Daten erhalten und einen neuen Block erstellen müssen, haben die Aufgabe, ein kryptografisches Rätsel zu lösen und die Lösung an alle anderen angeschlossenen Computer zu senden; dies ist der Arbeitsnachweis. Das gesamte Netzwerk prüft den Arbeitsnachweis, erstellt schließlich den Block und fügt ihn der Kette hinzu. Der gesamte Prozess stellt sicher, dass jedem bestehenden Block volles Vertrauen entgegengebracht wird.

Die Möglichkeit, wertvolle Daten in einem sicheren System zu speichern, bedeutet, dass du, wenn du diese Daten benötigst, nicht für die Dienste eines fachkundigen Vermittlers wie eines Anwalts oder Buchhalters bezahlen musst. Denn die gespeicherten Daten können jederzeit von jedermann unter Wahrung der Privatsphäre eingesehen werden. Der Verzicht auf Vermittler spart Zeit und Geld. Es wird als Peer to Peer Interaktion bezeichnet, was bedeutet, dass es auf einer Architektur basiert, in der alle Computer sowohl die Funktion des Clients als auch des Servers übernehmen, ein System, das sich gegen Informationsmonopole richtet und die Transparenz der Geschichte und die Privatsphäre garantiert.

Das Peer-to-Peer-System revolutioniert die Art und Weise, wie Informationen aufgezeichnet, überprüft und zwischen Menschen transportiert werden. Blockchain lässt sich am besten als Technologie, nicht als Netzwerk, definieren und kann für eine Vielzahl von Anwendungen eingesetzt werden. Die großen Marktplätze für NFT arbeiten dezentral und basieren vollständig auf dem Peer-to-Peer-System. Dadurch werden Risiko und Diebstahl begrenzt. Die Wallets, mit denen die Geschäfte verbunden sind, verfügen über ein fortschrittliches Schutzsystem, bei dem Domains und Wallet-Namen selbst eine Art NFT sind, so dass niemand außer dem Eigentümer die in der Wallet enthaltene Kryptowährung bewegen, abheben oder löschen kann. Die Blockchain-Technologie ist in einer Vielzahl von Branchen anwendbar, und die Zahl der Anwendungsfälle wächst von Tag zu Tag. Viele Unternehmen setzen auf diese Technologie, da sie eine Reihe von Vorteilen bietet, darunter die Eliminierung von Zwischenhändlern und schnellere Transaktionen. In der Cybersicherheitsbranche hat die Blockchain-Technologie neue Möglichkeiten zur Speicherung sicherer Informationen und zur Durchführung von Transaktionen auf der Grundlage von Vertrauen oder fehlendem Vertrauen (Vertrauenslosigkeit) geschaffen. Auch die digitale Identität ist ein Bereich, der von den Eigenschaften der NFT profitieren kann, da es möglich ist, Identifikationsdaten mit erhöhter Privatsphäre und Datenintegrität zu speichern.

Ein vertrauensloses System impliziert, dass sich die Teilnehmer am Handel nicht unbedingt kennen müssen, damit das System funktioniert. Ein Blockchain-System ermöglicht es Unternehmen, die Durchführbarkeit von Transaktionen von Anfang an zu prüfen, ohne dass eine Instanz die Kontrolle über das System hat. Alle dezentralisierten Daten werden frei zugänglich und öffentlich gemacht und durch einen Arbeitsnachweis verifiziert. Daher ist es ehrlich, klar und transparent, während gleichzeitig der Datenschutz gewahrt wird, da nicht die Daten selbst, sondern die mit ihnen verbundenen Code-Strings ausgetauscht werden. Die verschiedenen politischen und wirtschaftlichen Entscheidungsträger der Welt beginnen, die Vorteile dieses Marktes zu erkennen und schätzen die revolutionäre Wende und die unglaublichen Nutzungsmöglichkeiten.

BLOCKCHAIN X NFTS

NFTs die auf der Blockchaintechnologie basieren ermöglichen es den Nutzern, digitale Vermögenswerte zu besitzen. Dieses Eigentum an digitalen Vermögenswerten unterscheidet sich jedoch von physischem Eigentum, da diese Arten von Vermögenswerten nur in bestimmten, zweckgebundenen Kontexten existieren, wie z.B. auf Marktplätzen usw., wodurch sie - zumindest im Moment - schwieriger zu bewegen sind. Wenn die Blockchain-Technologie ins Spiel kommt, kann sie eine Koordinierungsebene für digitale Vermögenswerte bereitstellen, die den Nutzern das Eigentum und die Erlaubnis zur Verwaltung dieser Vermögenswerte gewährt und die Beziehungen der Entwickler zu ihren Vermögenswerten verändert. All dies ist dank bestimmten Schlüsseleigenschaften möglich, die die Regeln für NFTs festlegen und die Merkmale darstellen, die sie einzigartig machen.

NFT-TOKENISIERUNGSSTANDARDS

Standards dienen dazu, ein einheitliches Regelwerk zu schaffen, das es NFTs ermöglicht, plattformübergreifend integriert zu werden, interoperabel zu sein und ihren Nutzwert durch Erweiterung ihrer Anwendbarkeit zu erhöhen. Wie bei allen Arten von Technologien stellen Standards wiederholbare und gemeinsame Vorgehensweisen in einem bestimmten Kontext dar. Standards entstehen aus der Notwendigkeit, Zeit und Ressourcen zu sparen, indem unnötige Prozesse eliminiert werden, und sind innerhalb der Gemeinschaft allgemein anerkannt. Ein Referenzstandard ist immer notwendig, um sicherzustellen, dass alle Beteiligten in einer konformen Weise arbeiten. Wenn die Tokenisierung eines digitalen Vermögenswerts innerhalb der Blockchain stattfindet, werden diese Token durch gemeinsame, wiederverwendbare und vererbbare Standards eingeschrieben. Mit anderen Worten: Es handelt sich um Methoden, die von Entwicklern vereinbart und entwickelt wurden und es ermöglichen, dass NFTs auf unterschiedliche Weise funktionieren.

Jeder digitale Vermögenswert wird anders dargestellt, z.B. kann ein Videospiel seine Sammlung auf eine völlig andere Weise darstellen als ein Veranstaltungsticket. NFTs basieren auf einem gemeinsamen, öffentlichen System, dessen Standards grundlegende Funktionen wie

Übertragung, Eigentum und Zugangskontrolle umfassen. Dies bedeutet, dass mehrere erworbene NFTs innerhalb derselben Anwendung miteinander interagieren können, wenn sie auf demselben Standard basieren. Programmierer können dann Anwendungen erstellen, die im Wesentlichen den gleichen Code verwenden, um alle Token innerhalb einer dezentralen Plattform, wie z. B. dem Ethereum-Netzwerk, zu nutzen. Die drei wichtigsten NFT-Tokenisierungsstandards auf der Ethereum-Blockchain sind: ERC721, ERC998 und ERC1155

Die Abkürzung ERC steht hierbei für "Ethereum Request for Comments". Jeder kann Standards erstellen, aber es ist Aufgabe des Urhebers, sie zu erklären und ihre Unterstützung in der Gemeinschaft zu fördern. Da Ethereum auf der Blockchain-Technologie basiert, gibt es keine Person, die die Kontrolle übernehmen und Änderungen oder Anpassungen an den Protokollen vornehmen kann. Der ERC wurde ins Leben gerufen, damit Menschen dem Ethereum-Netzwerk Informationen zur Verfügung stellen oder neue Funktionen einführen können, so dass der ERC die Art und Weise ist, wie Programmierer Änderungen am Netzwerk vorschlagen. Die Nummern 721, 998 und 1155 stellen die Codes für diese Vorschläge dar.

ERC721

ERC721 wurde 2018 von Cryptokitties eingeführt, wobei jede Katze, die adoptiert, gepflegt und aufgezogen werden sollte, durch eine NFT repräsentiert wurde. Vor diesem Standard konnten Menschen fungible Token wie Ether erstellen, aber mit ERC721 können Programmierer Token mit verschiedenen Eigenschaften, Merkmalen und Typen erstellen, die alle von demselben Smart Contract stammen. ERC721 ist der NFT-Standard, mit dem NFTs erstellt und ausgetauscht werden können. Er ist zwar der beliebteste plattformübergreifende, leicht zu integrierende und verfügbare NFT-Standard, weist aber je nach Anwendungsfall auch eine Reihe von Ineffizienzen auf.

ERC998

ERC998 hat eine spezielle Funktion und wurde geschaffen, um die Übertragung mehrerer ERC721-NFTs innerhalb des Netzwerks in einer einzigen gebündelten Transaktion zu ermöglichen, anstatt mehrere zu machen. Bei diesem Standard besitzt du nicht nur ein NFT, sondern dieses NFT kann auch deine eigenen NFTs enthalten, wie in einer Art Bündel. Wenn ein NFT verkauft wird, werden auch alle dazugehörigen Token verkauft. Die Übertragung der Zusammensetzung des NFTs bedeutet also die Übertragung der gesamten Hierarchie der zugehörigen Elemente. Ein Cryptokittie kann zum Beispiel einen Kratzbaum und einen Futternapf besitzen, die fungible Token enthalten können.

ERC1155

Der ERC1155-Token ist eine Art Standard-Token, der die Fähigkeit hat, innerhalb seiner Kontrolle Token zu speichern, die sich so verhalten können, als wären sie ein ERC20- oder ERC721-Token oder beides zur gleichen Zeit unter derselben Adresse. ERC1155 wurde von Enjin entwickelt, einer Ethereum-Plattform, die es ermöglicht, non-fungible Token und fungible Token im selben Vertrag zu erstellen. Die Standardisierung der NFT-Ausgabe ermöglicht ein höheres Maß an Interoperabilität, was den Nutzern zugute kommt. Dies bedeutet, dass einzigartige Vermögenswerte relativ einfach zwischen verschiedenen Anwendungen übertragen werden können. Das beste Beispiel für ERC1155 findet sich in Blockchain-Videospielen. Anstatt für jedes einzelne Spielelement einen neuen Vertrag zu benötigen, können mehrere Elemente mit demselben Vertrag erstellt werden. Wenn im Spiel beispielsweise sowohl Waffen als auch Coins gesammelt werden können, kann man beides mit ERC1155 beziffern, wodurch die für den effizienten Betrieb von Blockchain-basierten Spielen erforderlichen Ressourcen drastisch reduziert werden.

Handelbarkeit und Interoperabilität

Wie wir bereits erwähnt haben, verwenden alle NFTs die gleichen Standards, damit sie auf der gleichen Ebene und auf der gleichen Ethereum-Plattform betrieben werden können. Dies ermöglicht die Übertragung von NFTs über mehrere Ökosysteme hinweg, wo sie sofort sichtbar und handelbar sind. Auf der Grundlage gleicher Nutzungsmerkmale - d. h. durch Standardisierung - ermöglicht die Interoperabilität, dass NFTs auf offenen Marktplätzen frei gehandelt werden können. Dies ist das erste Mal in der Geschichte, dass Benutzer auf der ganzen Welt NFTs erstellen können, die sofort auf Marktplätzen im gesamten Ökosystem verfügbar sind. Hier können die Menschen NFTs kaufen, handeln, verkaufen und versteigern. Das Ausmaß dieser Eigenschaft liegt in der Umstellung von Verkäufen innerhalb geschlossener Marktplätze, zur Möglichkeiten, die ein Marktplatz mit einer offenen und freien Wirtschaft bietet. Die Leichtigkeit, mit der jeder Nutzer NFTs erstellen und dann über die Blockchain weltweit handeln kann, ist erstaunlich.

Programmierbarkeit

NFTs sind vollständig programmierbar. Sie können z. B. so programmiert werden, dass sie auf Auslöser oder Aktionen des Besitzers reagieren. Sie können auch auf externe Auslöser reagieren, z.B. auf die Uhrzeit oder den Spielstand eines Spiels. Die Programmiermöglichkeiten von NFTs sind endlos.

Liquidität

Dieser Begriff wird verwendet, um das Aktivitätsniveau auf einem Markt zu beschreiben. Die Geschwindigkeit und Effizienz von Blockchain-basierten Marktplätzen führt zu einer hohen Liquidität, die beschreibt, wie viele Menschen auf dem Marktplatz handeln und wie oft. Eine hohe Liquidität bedeutet, dass Artikel schnell und häufig verkauft werden. Ein auf der Blockchain-Technologie basierender Marktplatz ermöglicht genau diese Effizienz und Schnelligkeit beim Kauf und Tausch, wie dies bei Bitcoins der Fall ist, die beispielsweise auf Coinbase oder Binance problemlos gegen echte oder Fiat-Währung gehandelt werden können.

Wie bei jeder anderen Investition muss jeder in der Lage sein, Token schnell zu verkaufen und zu kaufen, ohne den Preis senken zu müssen. Um dies zu ermöglichen, muss der Markt, auf dem wir handeln, liquide sein. Mit anderen Worten: Es muss eine hohe Handelsaktivität herrschen, und die Gebots- und Angebotspreise dürfen nicht zu weit auseinander liegen. Es ist sehr wichtig, dass der NFT-Markt ein hohes Volumen und eine gute Liquidität aufweist, vor allem für Anleger, die NFTs kaufen, weil sie wissen, dass sie über einen großen Personenkreis verfügen, an den sie diese dann verkaufen können. Aus diesem Grund ist es wichtig, die wichtigsten NFT-Projekte, in die investiert werden soll, im Auge zu behalten. Ob ein Markt liquide oder illiquide ist, lässt sich am besten anhand von drei Indikatoren feststellen: dem Handelsvolumen pro Tag, der Tiefe des Orderbuchs und dem Abstand von Gebots- und Angebotspreisen (bid/ask spread).

Mit NFTs ist es auch möglich, die Tokenisierung von Vermögenswerten in der realen Welt voranzutreiben. Diese NFTs könnten Bruchteile von physischen Vermögenswerten darstellen, die als Token auf einer Blockchain gespeichert und gehandelt werden können. Dies könnte die dringend benötigte neue Liquidität in viele Märkte einbringen, in denen es sonst nicht viel gäbe, z. B. Kunstwerke, Immobilien, seltene Sammlerstücke und vieles mehr.

Unmanipulierbarkeit und nachweisbare Knappheit

Die Daten innerhalb der Blockchain können, wie bereits erwähnt, nicht verändert werden. Technisch gesehen ist die Blockchain wie eine unveränderliche Datenbank konfiguriert, und es ist nicht möglich, die Daten in der Blockchain zu manipulieren. Jeder Block besteht aus Informationen, wie z. B. den Details einer Transaktion, und verwendet ein kryptografisches Prinzip, das als Hash-Wert bezeichnet wird. Dieser Hash-Wert besteht aus einer alphanumerischen Zeichenkette, die von jedem Block separat erzeugt wird. Jeder Block enthält nicht nur einen Hash-Wert, der sich auf ihn selbst bezieht, sondern auch den des vorherigen Blocks. Auf diese Weise wird sichergestellt, dass die Blöcke rückwirkend gepaart werden. Auf diese Weise stellt dieses Merkmal der Blockchain-Technologie sicher, dass niemand in das System eindringen oder die im Block gespeicherten Daten verändern kann.

SHA256

Die gängigste Hash-Funktion ist SHA256, der "Secure Hash Algorithm 256". Der Hashwert schützt jeden Codeblock einzeln. Beim Hashing wird eine Zeichenfolge von 64 Zeichen erzeugt. Unabhängig von der Größe der Eingabe ist die feste Länge der Zeichenfolge, die als digitale Signatur bezeichnet wird, immer gleich. Sie bezieht sich auf die exakt eingegebenen Daten, und die Haupteigenschaft dieses Hash-Wertes ist, dass er nicht entschlüsselt werden kann. Das Wort unveränderlich wird verwendet, um auf etwas hinzuweisen, das niemals verändert werden kann. Die Unveränderlichkeit ist der Schlüssel, der digitalen Vermögenswerten Authentizität verleiht und sie verknappt. Unveränderlichkeit bedeutet, dass das, was z. B. in einem Spiel einer bestimmten Person gehört, nicht bewegt oder verändert werden kann.

NFTs genauer erklärt

Um den Umfang des gesamten NFT Bereichs auch wirklich zu verstehen, müssen wir uns noch intensiver mit der Materie auseinandersetzen. NFT steht, wie bereits erwähnt, für Non-Fungible-Token. Ein Token besteht aus digitalen Informationen, die in einer Blockchain aufgezeichnet sind und ein Subjekt mit einer Eigenschaft verknüpft. Dies sind die bekanntesten fungible Token, die als Kryptowährungen verwendet werden können, wie beispielsweise Bitcoin. Im Gegensatz zu anderen Wähungen steht hinter Bitcoin keine Bank, die den Wert angibt. Stattdessen handelt es sich um ein System, das auf einem Netzwerk von Knotenpunkten basiert, die dezentral verwaltet werden. Bitcoin ist eine Art von Kryptowährung, hinter dem kein physischer Gegenpart steht. Stattdessen befindet sich das Geld in einem öffentlichen Buch, das für alle zugänglich ist. Jede Bitcoin-Transaktion erfordert eine erhebliche Rechenleistung. Mit Bitcoins wurde das Konzept der Vertrauenslosigkeit eingeführt, was bedeutet, dass die beteiligten Teilnehmer einander nicht kennen oder vertrauen müssen, solange das System funktioniert. Diesen Einheiten wird ein realer Wert zugeordnet, der auf dem Versprechen beruht, dass eine Person, die den Vermögenswert besitzt, diesen Wert gegen Waren oder Dienstleistungen eintauschen kann. Zu den Stärken von Bitcoin gehören Fälschungssicherheit, Unveränderlichkeit, einfache Übertragbarkeit, Transparenz und Robustheit. Vor der Einführung der Blockchain-Technologie waren die Kosten für die Replizierbarkeit in der digitalen Welt fast gleich null.

Das Aufkommen programmierbarer digitaler Sammlerstücke hat es möglich gemacht, die reale Welt in die digitale Welt zu übertragen. Die Bitcoin-Skriptsprache erlaubt es, eine kleine Menge an Metadaten auf der Blockchain zu speichern, und diese Metadaten werden zur Darstellung von Manipulationsanweisungen verwendet. Daher ist es seit 2008 möglich, verschlüsselte Transaktionen zwischen Bitcoin-Adressen, den sogenannten "Wallets", durchzuführen. Im Grunde ist Bitcoin ein Protokoll, das die Blockchain-Technologie für den Geldtransfer nutzt. Um eine Art Einsteigerbeispiel zu geben: So wie Beispielsweise web.de eine Anwendung ist, die das Internet zum Versenden von E-Mails nutzt, so kann die Blockchain-Technologie in vielen anderen Bereichen und Sektoren eingesetzt werden, nicht nur bei Kryptowährungen. Sie wird häufig im Finanzbereich eingesetzt (daher auch die Smart Contracts), da sie frei von Hackerangriffen und Verletzungen der Privatsphäre ist. Die Blockchain ist auch eine hervorragende Lösung für die Speicherung in der Cloud und kann ein Kommunikationssystem zwischen den darin befindlichen Maschinen bieten.

Bei der Transaktion einer digitalen Datei in einer gängigen zentralen Anwendung wie z.B. WhatsApp werden mehrere Kopien der gleichen Datei erstellt, die von einem Gerät zum anderen übertragen werden. In einer dezentralen Anwendung in der Blockchain, wie Ethereum, wird die Datei nicht kopiert. Stattdessen gibt es einen Schritt, bei dem eine einfache Überprüfung der Arbeit stattfindet. Ethereum ist eine Peer-to-Peer-Plattform, die auf in einer Programmiersprache erstellten Smart Contracts basiert. Die Verträge, die sich in diesem Netzwerk bewegen, tun dies gegen Zahlung einer Recheneinheit, die "Ether" genannt wird. Der Ether ist nicht nur eine Kryptowährung, sondern dient auch als Treibstoff für Transaktionen. Dadurch eignet sich Ethereum nicht nur für den Austausch virtueller Währungen, sondern auch als Netzwerk, in dem intelligente Verträge ausgeführt und in verschiedenen Bereichen wie Domainnamenregistrierung, Wahlsysteme, Crowdfunding, Eigentum und mehr eingesetzt werden kann. Während der Übertragung und sobald der Token das digitale Zielkonto erreicht hat, bleibt der Token die einzige Kopie; er wechselt lediglich den Besitzer. Die Blockchain-Technologie ermöglicht somit die Bewahrung der Einzigartigkeit der übertragenen digitalen Informationen und durch den Verweis darauf auch ihres Wertes. Die Blockchain ist im Wesentlichen eine Datenbank mit drei Merkmalen: Sie ist öffentlich. Jeder kann auf die Datenbank zugreifen, und niemand kann sie besitzen. Sie ist sicher. Die Sicherheit beruht auf der Kryptografie, die sie hackersicher macht. Sie ist dezentral, da sie sich nicht auf einem einzigen Computer befindet, sondern über Millionen von Computern auf der ganzen Welt verteilt ist.

Die Blockchain ist ein System, in dem digitale Vermögenswerte in verschlüsselter Form gesammelt und über eine Liste aller damit verbundenen Transaktionen organisiert werden. Bislang hat jeder das Internet als das Medium betrachtet, das die Verbreitung von Informationen ermöglicht, aber was man über das Internet nicht tun kann, ist, etwas von Wert ohne Vermittler zu übertragen. Die Blockchain-Technologie ändert dies, indem sie es ermöglicht, einen digitalen Wertgegenstand von einer Person zu einer anderen vollständig digital und ohne Vermittler zu übertragen. Bei digitalen Vermögenswerten kann es sich um alles Mögliche handeln, einschließlich Sachwerten, Finanzinstrumenten oder auch immateriellen Vermögenswerten wie Rechten. Mit Blockchain können Vermögenswerte geschaffen werden. Dieser Vorgang wird als Tokenisierung bezeichnet. Digitale Vermögenswerte beruhen auf Smart Contracts. Diese fungieren als Regulatoren des Systems und beruhen auf denselben Klauseln wie ein typischer Vertrag; der Unterschied besteht darin, dass ein Smart Contract völlig automatisch und ohne Vermittler funktioniert.

Krypto-Token werden durch Tokenisierung erzeugt, ein Verfahren, das die Rechte in einen Vermögenswert in Form eines kryptografisch geschützten digitalen Tokens umwandelt, der über ein Blockchain-Netzwerk verfolgt und gehandelt wird. Digitale Vermögenswerte werden oft mit der Welt der Wirtschaft und des Handels in Verbindung gebracht. Sie sind die Ressourcen, die wir nutzen, um Werte zu schaffen, zu liefern und zu erfassen. Sachwerte, wie Fahrzeuge, Immobilien, Kunstsammlungen usw., sind teuer zu bewegen und zu übertragen. Immaterielle Vermögenswerte wie Urheberrechte, Musik, Patente, digitale Kunst und Marken sind zwar leichter zu bewegen und zu übertragen, lassen sich aber nur schwer aufteilen. Fungible Assets, die keine spezifische Individualität haben, können daher gegeneinander ausgetauscht werden. Wenn eine Ressource in Token umgewandelt wird, ist sie viel einfacher auszutauschen und kann von überall auf der Welt zugänglich gemacht werden. Bei Token handelt es sich schließlich um Informationen, die über das Internet übertragen und mithilfe eines dezentralen Ledgers, der Blockchain, verfolgt werden können. Kryptografische Token stehen in der Regel für eine bestimmte fungiblen oder nicht-fungiblen Ressource oder einen bestimmten Nutzen. Fungibilität bezieht sich wie schon erwähnt auf die Austauschbarkeit einer Ware; wenn eine Sache fungibel ist, gibt es auch eine andere Sache, die den gleichen Wert hat und gegen eine andere Sache gleichen Wertes getauscht werden kann. Der Hauptunterschied zu einem nicht-fungiblen kryptografischen Token besteht darin, dass er absolut einzigartig ist und sich von jedem anderen unterscheidet; daher kann er nicht ausgetauscht werden, da es keine Entsprechung gibt.

Ein NFT ist eine eindeutige ID, der bestimmte Informationen beigefügt sind, die ihr eine Bedeutung verleihen. Man kann diese IDs mit allem Physischen oder Digitalen verknüpfen, und das Eigentum an der ID ist gleichzeitig das Eigentum an der Ressource, physisch oder digital, die ihr zugeordnet ist. Wenn du also einen NFT besitzt, besitzt du auch alle Eigenschaften der physischen oder digitalen Ressource, die sie repräsentiert. Ein weiterer Aspekt, der non-fungible Token von fungible Token unterscheidet, sind die Standards, auf denen ihre Erstellung beruht, nämlich ERC-721 oder ERC-20. Die Merkmale dieser Token sind Einzigartigkeit, Unteilbarkeit und Knappheit, da sie nur in ihrer Gesamtheit verkauft, gekauft oder übertragen werden können.

Non-fungible Token sind:

- Verschlüsselt
- Registriert in der Blockchain
- Nachweis des Eigentums an der digitalen Ressource
- Eine eindeutige ID, die alle Merkmale eines Vermögenswerts enthält
- Die Rechte und Privilegien, die sich aus diesem Eigentum ergeben

NFTs befinden sich im Blockchain-Bereich, und diese Technologie ermöglicht es, das geistige Eigentum des betreffenden Objekts nachzuweisen und zu zertifizieren. Unabhängig von etwaigen Eigentumsübertragungen bleibt die Zuschreibung immer in den Händen des Urhebers, während die Blockchain auch als Beweis für die Authentizität dient. Es gibt mehrere konkrete Anwendungen von NFTs, die zunehmend an Bedeutung gewinnen. Eine davon bezieht sich auf die Welt der Kunst und kann unter zwei Gesichtspunkten analysiert werden. Erstens ermöglichen NFTs die Tokenisierung von materiellen Gütern; sie können also physische Kunstwerke darstellen. Zweitens haben sie dem digitalen Kunstmarkt und der Kryptokunst, die gerade auf dem Austausch digitaler Werke von Künstlern basiert, die einen zunehmend florierenden Ort für den Kauf und Verkauf über verschiedene Plattformen gefunden haben, einen erheblichen Auftrieb gegeben.

Smart Contracts einfach erklärt

Um NFTs besser zu verstehen und zu nutzen, müssen wir uns einige Dinge genauer ansehen: Smart Contracts (Intelligente Verträge) sind Protokolle, die die Aushandlung und anschließende Ausführung des Vertrags erleichtern und verifizieren. Es handelt sich um Verträge in Form einer Programmiersprache. Ethereum ist die dezentrale Plattform, auf der Smart Contracts erstellt und ausgeführt werden.

Eine sogenannte "API" (Anwendungsprogrammierschnittstelle) bezieht sich auf Verfahren zur Lösung einer bestimmten Aufgabe - in diesem Fall des im Smart Contracts festgelegten Ziels. Die sogenannte "Gas fee" (Gasgebühr) bezieht sich auf eine Gebühr oder einen Wert, der erforderlich ist, um eine Transaktion erfolgreich durchzuführen oder einen Vertrag auf einer Blockchain auszuführen. Gas ist in Ethereum eine Maßeinheit für die von Ethereum geleistete Arbeit, um Transaktionen oder andere Interaktionen innerhalb des Netzwerks durchzuführen. In Ethereum haben die Entwickler beschlossen, den verschiedenen Operationen, die in Ethereum durchgeführt werden können, konstante Werte zuzuordnen. Auf diese Weise hat jede Aktivität in Ethereum einen definierten Gaswert, der nicht variiert und nicht durch den Anstieg oder Rückgang des Wertes von Ether, verändert wird. Die Tatsache, dass dieser Gaswert konstant ist, hängt damit zusammen, dass der Preis von Ether zwar schwankt, die Rechenkosten von Operationen aber immer konstant bleiben. Jetzt, da du diese Begriffe kennst, können wir uns genauer mit Smart Contracts beschäftigen.

Smart Contracts sind Computerprotokolle, die Vertragsverhandlungen erleichtern, verifizieren und durchsetzen. Es handelt sich dabei um Programme, die auf Blockchain-Knoten ausgeführt werden und die die Logik von Vertragsklauseln simulieren. Die Klauseln und validierenden Knoten stellen eine Zustandsänderung der Blockchain selbst dar, daher muss die zu erstellende Transaktion durch ein Gemeinschaftssystem einen Konsens finden. Dies wird als "Proof of Work" bezeichnet. Innerhalb der Blockchain kann jede Art von Daten aufgezeichnet und in eine verteilte, dezentralisierte und transparente Kette eingefügt werden. Die Validierung der Daten erfolgt durch eine Peer-to-Peer-Verifizierung, die wie gesagt "Proof of Work" oder "PoW" genannt wird. Keine der aufgezeichneten Informationen kann gelöscht oder verändert werden, sobald sie verschlüsselt sind. Die Knoten innerhalb der Blockchain tauschen, wie wir gesehen haben, Werte in einer völlig neuen, vertrauenslosen Situation aus, die das Fehlen einer dritten Person oder eines Vermittlers beinhaltet. Aufgrund dieser Eigenschaft kann die Blockchain alle Arten von digitalen Werten und virtuellen Vermögenswerten aufnehmen und speichern. Der Einsatz der

Blockchain-Technologie ist auf digitale Werte beschränkt; auch entmaterialisierte Sachwerte können in ihr erfasst werden. Smart Contracts kommen ins Spiel, wenn die auf der Blockchain-Plattform übertragenen Daten auf vorher festgelegte Bedingungen reagieren müssen. Dann wird die Plattform zur Zertifizierung der Transaktionen verwendet. Nick Szabo definierte das Konzept der intelligenten Verträge bereits 1997, also vor der Blockchain. Die Blockchain hat jedoch eine Schlüsselrolle bei der Umsetzung von Smart Contracts gespielt, da sie die sichere Verwaltung von Informationen und Transaktionen ermöglicht. Sie prüft automatisch die Bedingungen auf der Grundlage der vereinbarten Klauseln. Smart Contracts verwenden in der Regel die sogenannte "Wenn/Dann"-Funktionen und können nur das ausführen, was in der Programmierphase vorher festgelegt wurde. Bei den verschiedenen Phasen der Implementierung eines Smart Contracts handelt es sich erstens, um die Definition der Vereinbarung zwischen den Parteien (was die Übersetzung und Eintragung der Details in einen Smart Contract beinhaltet). Und zweitens, die damit verbundene Überprüfung und Eintragung des Smart Contracts in die Blockchain (wo er registriert und einzigartig gemacht wird).

Die Blockchain garantiert die Automatisierung der vertraglichen Verpflichtungen und deren Transparenz im Falle der Ausführung sowie die Unveränderlichkeit der erfassten Daten. Der Smart Contract wird dann zu einem identifizierten Block, indem er einfach in einen Hash-Wert umgewandelt wird, der die Aufrechterhaltung, Zugänglichkeit und korrekte Aktualisierung eines gemeinsamen oder dezentralen Ledgers ermöglicht. Das Proof of Work (PoW) Mining in Ethereum findet statt, wenn der Miner das kryptografische Puzzle löst und es an das gesamte Netzwerk sendet. Zu diesem Zeitpunkt zahlt der Antragsteller des Vertrags eine Gebühr und der Vertrag wird registriert. Der Block wird der unveränderlichen und zertifizierten Kette hinzugefügt. Der gesamte Vorgang hat einen öffentlichen Wert und ist vollständig zugänglich. Die Hashes in der Sequenz sind sicher und können nicht gefälscht werden.

An diesem Punkt kann der Smart Contract auf Anwendungen von Drittanbietern zugreifen, um die Bedingungen bestimmter Situationen und Ereignisse zu erfahren, für die er programmiert wurde, z.B. um automatisiert Verspätungen im Nah-/Fern- oder Schiff- und Flugverkehr zu melden. In der Praxis fragt es die APIs ab, um die erforderlichen Informationen zu erhalten. Auf diese Weise spart er eine beträchtliche Anzahl von Ressourcen bei der Aushandlung und Ausführung, beschleunigt die Leistung und verringert die Wahrscheinlichkeit von Streitigkeiten zwischen den Parteien erheblich. Im Gegensatz zu einem herkömmlichen Vertrag ist ein Smart Contract von Natur aus verbindlich. Die Blockchain verhindert, dass zuvor festgelegte Bedingungen verletzt werden, und Bedingungen, die sich auf das

Verhalten des Einzelnen beziehen, treten in den Hintergrund. Diese Unwiderruflichkeit, die in dem Moment ausgelöst wird, in dem die Daten in die Blockchain-Technologie eingegeben werden, lässt keinen Raum für Ausnahmen. Die virtuelle Währung von Ethereum ist der Ether, der als Maßeinheit und Kryptowährung dient. Im Gegensatz zu Bitcoin ist Ethereum jedoch nicht nur ein Netzwerk für die Übertragung von Werten, sondern eine echte Plattform für die Ausführung von Smart Contracts (zumindest noch bislang).

Smart Contracts können wie ein normaler Vertrag Regeln festlegen und diese automatisch mittels Codes durchsetzen. Sie werden jedoch nicht von einem Benutzer kontrolliert. Stattdessen werden sie im Netzwerk implementiert und wie ursprünglich programmiert ausgeführt. Ein Smart Contract auf Ethereum funktioniert wie ein Verkaufsautomat: Wenn du Beispielsweise eine Münze an einer Telefonzelle einwirfst (gibt es die überhaupt noch?) und eine Nummer eingibst, bekommst du den Telefonanruf. Der Automat folgt einer programmierten Logik, genauso wie ein Smart Contract. Jeder Programmierer kann einen Smart Contract schreiben und ihn im Ethereum-Blockchain-Netzwerk einsetzen. Die Implementierung eines Smart Contracts ist rein technisch gesehen eine Transaktion, das bedeutet man muss über Ether verfügen, um die Gasgebühr zu bezahlen, genau wie bei einer normalen Transaktion. Allerdings sind die Kosten für die Implementierung des Vertrags viel höher. Da jede Ethereum-Transaktion Rechenressourcen benötigt, um ausgeführt zu werden, wird für jede Transaktion eine Gebühr fällig. Gas ist die Gebühr, die erforderlich ist, um eine Transaktion auf Ethereum erfolgreich durchzuführen. Sowohl der Ether als auch das Gas auf Ethereum sind wichtig, um das Netzwerk sicher zu halten und Spam zu verhindern. Ethereum verfügt über entwicklerfreundliche Sprachen zum Schreiben von Smart Contracts, wie Vyper und Solidity. Smart Contracts sind auf Ethereum öffentlich und können als offene APIs betrachtet werden. Dadurch können auch Smart Contracts zusammengesetzt werden. Außerdem kann man einen Smart Contract auf einem bereits bestehenden Vertrag aufbauen. Es ist auch möglich, eine Selbstzerstörungsoption zu aktivieren, die darauf abzielt, Programme zu entfernen, die nicht mehr verwendet werden, um die Effektivität und Leistung zu verbessern.

Mit Hilfe von Smart Contracts können auch digitale Vermögenswerte so programmiert werden, dass sie im Vergleich zu herkömmlichen Verfahren zusätzliche Funktionen haben. Digitale Vermögenswerte, die auf einem Smart Contractr basieren, können Klauseln völlig autonom und ohne die Vermittlung Dritter ausführen, was die Transparenz und Rechtssicherheit erhöht. Aus diesem Grund bieten sie viele Möglichkeiten in verschiedenen Bereichen und Anwendungen, wie z.B. Wahlsysteme. Die Blockchain ermöglicht die Authentifizierung der Wähleridentität, die sichere Aufbewahrung von Aufzeichnungen sowie eine genaue und transparente Auszählung. Ein weiterer Berich wäre die Cybersecurity. Obwohl es sich um ein für jedermann sichtbares System handelt, ist alles in der Blockchain verschlüsselt vor Manipulation geschützt. Das sogenannte "Internet of things" (IoT), ist ebenfalls ein spannender Bereich. Wenn Objekte intelligent werden und miteinander kommunizieren, können sie die Ausführung von Vorgängen innerhalb eines Unternehmens erleichtern und überprüfen. Smart Contracts bilden das Rückgrat für das, im deutschen auch genannte, Internet der Dinge und ermöglichen ein Ledger, der eine große Anzahl von Geräten verwalten kann. Auch im Crowdfunding-Bereich ist die Einsatzmöglichkeit gegeben. Smart Contracts ermöglichen hier Kampagnen, bei denen die Spender die volle Kontrolle über das investierte Geld haben. Auf diese Weise ist der Spender sicherer, und das Geld wird nicht für zwischengeschaltete Aktivitäten ausgegeben. Wenn es um Eigentumsrechte geht, sind Smart Contracts besonders gefragt. Die Struktur der Blockchain selbst ermöglicht es, alles zu verfolgen, einschließlich Transaktionen und Eigentumsänderungen. Aus diesem Grund finden Smart Contracts zum Beispiel bei der Erfassung und Verfolgung einzelner Immobilien Anwendung.

NFTs als digitale Vermögenswerte

Lass uns nun zusammen die digitalen Vermögenswerte genauer anschauen. Ein digitales Asset kann jedes digitale Dokument, jeder Toninhalt, jedes Bild usw. sein, das in einem digitalen Format transportiert wird. Ein digitales Asset ist ein digital gespeichertes Stück Inhalt. Genauer gesagt handelt es sich um eine in sich geschlossene Sammlung von Binärdaten, die eindeutig identifizierbar sind und einen gewissen Wert haben. Dies liegt daran, dass binäre Daten von einem Computer leicht verstanden werden können. Die drei Hauptmerkmale eines digitalen Assets sind: Die digitale Herkunft, die eindeutige Identifizierung und der Wert.

Jedes digitale Asset hat einen Wert, aber nicht alle Werte werden auf dieselbe Weise ermittelt. Es ist eine ziemlich vielfältige Welt, da praktisch alles zu einem digitalen Asset werden kann, aber durch Smart Contracts und die Blockchain-Technologie können digitale Assets erst so programmiert werden, dass sie als Assets auf der Blockchain ausgegeben oder gehandelt werden können.

Bei digitalen Vermögenswerten, die auf der Blockchain gespeichert sind, werden auch alle Transaktionen und Bewegungen des Tokens aufgezeichnet. Der 2015 von Ethereum eingeführte Standard für digitale Assets heißt ERC20 und ist der am weitesten verbreitete. Digitale Assets können mit Smart Contracts versehen und so programmiert werden, dass sie verschiedene Funktionen autonom und ohne einen Vermittler ausführen. Sobald der digitale Token auf der Blockchain ausgegeben wurde, wird es an das Netzwerk übermittelt und nach Zahlung einer Gebühr verteilt. Von diesem Zeitpunkt an können die digitalen Vermögenswerte innerhalb einer Gemeinschaft von Anlegern gehandelt werden. In der Praxis werden die digitalen Vermögenswerte in dem Moment, in dem das Protokoll eingerichtet oder der Smart Contract auf der Blockchain eingerichtet wurde, abgebaut oder an die öffentliche Adresse des Emittenten übertragen. Jeder öffentlichen Adresse wird ein privater Schlüssel (private Key) zugewiesen, der es dem Eigentümer der Token ermöglicht, das Asset von seiner Adresse an eine beliebig andere zu senden. Die Verwahrung von digitalen Assets bezieht sich auf den Besitz eines privaten Schlüssels, der mit der öffentlichen Adresse verknüpft ist, an der die digitalen Vermögenswerte aufbewahrt werden. Die Domäne und das Eigentum an einem NFT sind für jedermann nachprüfbar. Die Urheber von NFTs können ihre Werke, die einer weltweit eindeutigen ID entsprechen, im Ethereum-Netzwerk verkaufen. Sie können das Urheberrecht auf den Token und das des Weiterverkaufs desselben beanspruchen. Doch was zeichnet eigentlich ein NFT aus?

Ein NFTS hat eine eindeutige ID. Zudem ist er ist nicht austauschbar mit anderen Token. Die Eigentumsinformationen auf dem Token sind immer überprüfbar. Er basiert auf einer Blockchain wie zB. Ethereum und kann so auf jedem Ethereum-basierten NFT-Marktplatz verkauft oder gekauft werden. Ein NFT kann nicht manipuliert oder von der Blockchain gelöscht werden, er kann jedoch weiterverkauft werden, wenn Wiederverkaufsrechte erworben wurden.

Der Urheber eines NFT kann das Eigentum nachweisen, bei jedem Verkauf Lizenzgebühren verdienen oder sie unabhängig auf einer NFT-Marktplatzplattform verkaufen, ohne eine dritte Partei einzubeziehen. Er kann weiterhin über die Knappheit seines digitalen Vermögenswertes entscheiden. Häufig erstellen die Urheber von NFTs mehrere Ausgaben ihrer Token, von denen jede einzigartig ist.

NFTs - Anwendungen

Für Urheber digitaler Assets ist ein NFT wichtig, weil es ihnen ermöglicht, ihre Einnahmen zu maximieren, die nicht von Plattformen und/oder Vermittlern für Verkäufe, Provisionen und Gebühren verschiedener Art aufgesaugt werden. Plattformen verdienen oft mehr als die Urheber, wenn sie das Werk eines Künstlers zeigen, weil sie die Möglichkeit haben, es zu veröffentlichen. Im Falle von NFTs übertragen die Urheber jedoch nicht das Eigentum an den digitalen Inhalten auf die Plattform. Stattdessen ist das Eigentum an den Token selbst gebunden und in den Inhalt eingebettet. Der Erlös aus dem Verkauf der Inhalte gehört dem Urheber, der auch Tantiemen beanspruchen kann. Der Besitz eines digitalen Assets ist wertvoll, weil der Marktplatz ihn durch nachweisbare Eigentumsrechte zu einem solchen macht. NFTs sind bei den Entwicklern von Online-Spielen auf großes Interesse gestoßen, da sie Eigentumsnachweise für Spielgegenstände liefern können und den Spielern eine Reihe von Vorteilen bieten. In vielen der weltweit beliebtesten Spiele ist es bereits möglich, Spielgegenstände zu erwerben, mit denen man z. B. seine Spielfigur anpassen und/oder ausrüsten oder Gewinne erzielen kann. Handelt es sich bei diesem Gegenstand um ein NFT, wäre es möglich, das ausgegebene Geld beim Wiederverkauf nach Beendigung des

Spiels zurückzuerhalten. Wenn der gekaufte Gegenstand an Wert steigt, kannst du auch leicht einen gewissen Gewinn erzielen. Eine der möglichen Anwendungen von NFTs, die immer mehr zunimmt, ist die dezentrale Finanzierung. Dank der Verwendung von Smart Contracts findet die Transaktion mit absoluter Sicherheit statt. Es gibt dezentrale Plattformen (DeFi), die es dir ermöglichen, Geld gegen Sicherheiten zu leihen. Die automatischen Klauseln der Smart Contracts sorgen dafür, dass der Kreditgeber sein Geld zurückerhält. Andererseits kann der NFT selbst eine Garantie für den Zugang zu einem Kredit sein. Wenn der Kreditgeber nicht zurückgezahlt wird, wird der NFT direkt an die Wallet des Kreditgebers gesendet. Da es sich um eine junge und schnell wachsende Technologie handelt, ist die Welt der NFTs noch nicht vollständig erforscht, und es tauchen täglich neue Anwendungsmöglichkeiten auf. Es gibt viele davon, und sie alle stellen potenziell profitable Gewinn- und Investitionsbereiche dar, die auch den realen Sektor innovieren könnten.

Die überwältigende Reichweite von NFTs setzt sich in immer mehr Bereichen und Sektoren durch, vom Unternehmenssektor bis hin zur Welt des Gaming, wo Fans aus aller Welt in den Genuss erweiterter Möglichkeiten der Personalisierung kommen. Weitere Einsatzmöglichkeiten für NFTs gibt es in der Modeindustrie und bei großen Marken, wo reale Produkte mit digitalen Assets kombiniert werden können, die absichtlich so gestaltet wurden, dass sie einzigartig und originell sind. Und auch der Immobilienmarkt ist vor NFTs nicht gefeit: Ein virtuelles Grundstück kann heute so viel wert sein wie ein reales im Zentrum von New York. Es ist jedoch die Einzigartigkeit von NFTs, die den sentimentalen Wert von Investoren und Sammlern in aller Welt ausmacht.

NFTs als Sammlerobjekte

Die grundlegendste Anwendung von non-fungiblen Token existiert in Form von digitalen Sammlerstücken und In-Game-Käufen. Dabei handelt es sich um Gegenstände, die Künstler selbst entwickelt oder von bereits existierenden Marken lizenziert haben. DC Comics oder Marvel haben beispielsweise vor kurzem damit begonnen, die Welt der NFTs zu entdecken, und veröffentlichen ihre NFTs in Form von digitalen Statuen und Comics über die VeVe App. Von nun an können Künstler keine Token mehr verkaufen, welche DC oder Marvel Bezug haben, da diese geistiges Eigentum der genannten Firmen darstellen.

Sowohl Künstler als auch Sammler von NFTs bewerten den Wert ihrer Produkte nach den folgenden Maßstäben: extrinsischer (äußere) Wert, auch bekannt als "coolness Faktor", intrinsischer (persönlicher) Wert, nach Nutzen (wenn der Token z. B. in einem Spiel verwendet werden kann) oder als Investition. Für Investoren und Sammler besteht der Hauptzweck von NFTs darin, ihren Wert zu steigern. Die besten Sammler legen Wert auf Diskretion, Exklusivität und Seltenheit.

NFTs in der Wirtschaft

Die Blockchain-Technologie und NFTs spielen eine immer wichtigere Rolle in der digitalen Wirtschaft. Ihre Fähigkeit, digitale Objekte zu repräsentieren, die in der Welt einzigartig sind, ist aufgrund des Grundsatzes, dass ein einzigartiges Objekt wertvoller ist, weithin nutzbar. Die Attribute, die NFTs enthalten können, können ziemlich komplex sein, und jeder NFT kann immer dynamischere und intelligentere Informationen enthalten, wie wir bei intelligenten Vertragsautomatisierungen gesehen haben. Viele Unternehmen werden in der Lage sein, diese Funktionen zu nutzen, indem sie NFTs auf Softwarelizenzen anwenden. So kann beispielsweise ein Schlüssel, eine eindeutige und komplexe Zeichenfolge, für den Zugriff auf Unternehmenssoftware erforderlich sein. NFTs in deinem Smartphone, deinem Browser oder deinem Geldbeutel beschleunigen den Zugriff und die Identitätsüberprüfung. NFTs sind perfekt geeignet, um Versuche des Identitätsbetrugs zu vereiteln. Alle Dokumente können digitalisiert werden, um Identitäten wie Qualifikationen, Referenzen und physische Erscheinung darzustellen. Diese Anwendung von NFTs erfordert die Umwandlung oder Digitalisierung von Dokumenten in einzigartige Token, die zur Identitätserkennung verwendet werden können. NFTs könnten in diesem Bereich einige interessante systemische Veränderungen bewirken.

NFTs und die Spieleindustrie

Neben dem Unternehmenssektor entdecken auch viele andere Branchen die Vorteile von NFTs, darunter vor allem die Spieleindustrie. Spieler verwenden NFTs, um digitale Werte auszutauschen und mehr Punkte beim Spielen von Videospielen zu verdienen. Token haben den Vorteil, dass sie von allen Teilnehmern eines Spiels authentifiziert und verifiziert werden können. NFTs ermöglichen es den Spielern, ihre Spielfähigkeiten voll auszuschöpfen und Einnahmen in Echtzeit zu erzielen, z.B. durch den Kauf und Verkauf von Waffen, Fahrzeugen und Figuren. In der Spieleindustrie kann man mit Sicherheit sagen, dass NFTs bereits mehr als nur ein Trend sind. Mit dem von Dapper Labs entwickelten NBA Top Shot beispielsweise investiert die NBA bereits in NFTs. In der Spielebranche ist es so, dass viele Menschen digitale Gegenstände für sich beanspruchen und bereit sind, viel Geld auszugeben, um extrem seltene und schwer erhältliche Spielgegenstände zu besitzen. NFTs ermöglichen es den Spielern, ihre Errungenschaft zu feiern, indem sie einen sehr seltenen Spielgegenstand erhalten, der buchstäblich alles sein kann. Da es sich um NFTs handelt, gewinnen diese Gegenstände durch ihre Einzigartigkeit, Seltenheit, und ihr Recht, beansprucht zu werden, zusätzlich an Wert. Charakter-Skins, Waffen, Gegenstände, usw. erhöhen die Seltenheit, die Kosten und die Bedeutung des Spiels. Außerdem können diese Gegenstände verkauft werden und gewinnen so noch mehr an Wert. Mit NFTs kann man heute Eigenschaften mitnehmen, sie verkaufen, sammeln und zu einem anderen Spiel weiterziehen. Die Urheber dieser NFTs zielen hier vorwiegend auf den emotionalen Bereich der Menschen ab. Es ist einfach was ganz besonders, dass man einen Clip seines Lieblings-NBA-Teams besitzen kann. Und das nicht nur als reines Sammlerstück, sondern als Andenken, das einen emotionalen Wert vor dem Geldwert hat. Außerdem ist der Wert der Gegenstände Teil des Spielerlebnisses.

NFTs und die Musikindustrie

Der bekannteste Künstler welchen man getrost als Vorreiter der NFT-Marktes in der Musikindustrie sehen kann, ist ganz klar Mike Shinoda, Mitbegründer von Linkin Park. Er wagte es als erster dieses neue Geschäftsmodell zu übernehmen, noch bevor die meisten Menschen von NFTs überhaupt gehört hatten. Seine Single "Happy Endings" wurde als NFT für 10.000 Dollar verkauft, wobei der gesamte Erlös an das "Art-Center College of Design in Pasadena", Kalifornien, ging. Nach dem Vorbild von Mike Shinoda haben viele andere Künstler Musikprojekte entwickelt.

Das Musik-Ökosystem dachte, es könne das Internet nutzen, um eine Gemeinschaft rund um die Musik zu schaffen und es Musikern zu ermöglichen, die Kontrolle über ihre Musik zu übernehmen und ihren Lebensunterhalt zu verdienen, ohne Teil der Musikindustrie sein zu müssen. Aber selbst mit iTunes, Spotify und anderen Diensten, die die Musik den Fans näher bringen sollten, war das nicht der Fall. Das Vertriebssystem fuhr weiterhin Gewinne auf dem Rücken vieler Musiker ein. Bis heute erhalten die meisten Künstler etwas mehr als 10% aller mit ihrer Kunst erzielten Gewinne. Im Grunde sind die Streaming-Plattformen zu Zwischenhändlern geworden. Die Kluft zwischen dem Wert, den die Musik für das Leben der Menschen hat, und dem Preis, den sie dafür zahlen, ist riesig, und ein Song, der das Leben der Menschen verändern kann, ist weit mehr wert als die paar Cent, die der Künstler für einen Stream bekommt. NFTs bieten ein neues Geschäftsmodell, das es den Künstlern ermöglicht, ihre Musik angemessen zu bewerten, den Kontakt zum Publikum wiederherzustellen und die alte Ordnung der Dinge in Frage zu stellen. Man darf gespannt sein, wie sich das Ganze weiter entwickelt.

NFTs und die Modeindustrie

Ein neues Kapitel in der digitalen Modegeschichte könnte aufgeschlagen werden. NFTs bieten den Verbrauchern nämlich ganz neue Möglichkeiten, Modeartikel online zu sammeln, zu tragen und zu tauschen. Jetzt, da die meisten Modeschauen nicht mehr stattfinden oder virtuell gezeigt werden, könnten sie zu einem wichtigen Instrument für die Modeindustrie werden. Marken setzen auf die emotionale, nostalgische und sentimentale Seite des NFT-Faktors. Es gibt einen großen Vorteil für Marken, die damit beginnen, modebezogene NFTs zu erstellen. So verkaufte der argentinische Designer Andrés Reisinger zehn virtuelle Möbelstücke in einer Online-Auktion, wobei das teuerste Stück fast 70.000 Dollar erzielte. Die virtuellen Möbel, die über Nifty Gateway versteigert werden, können in Räumen wie "Decentraland" oder "Somnium Space" genutzt werden. Die Ausrichtung auf diesen wachsenden Markt wirkt sich positiv auf die Sichtbarkeit der Marke im Internet aus und bringt somit neue Zuschauer. Luxus, Ikonische Stücke und limitierte Auflagen sind Begriffe, die schon immer Teil der Modeindustrie waren.

Vorreiter dieser neuen digitalen Mode sind Projekte wie "The Dematerialized". In naher Zukunft wird die Mode wohl nicht mehr ohne NFTs auskommen können. Die Entwicklung von virtuellen Gütern in limitierter Auflage wie Kleidung, Schuhe und Modeaccessoires, mit denen ein NFT verbunden ist, beweist den Besitz dieses Gutes und die Realisierung in limitierter und besonderer Auflage. Es wird in Zukunft möglich sein, dass eine Person ein reales Produkt der Modeindustrie kauft und gleichzeitig ein NFT, eine digitale Version desselben Produkts erhält, um es in in ihren digitalen Kleiderschrank zu stellen, was den Wert des Objekts in beiden Welten erweitert. Die Knappheit der Ware und das begrenzte Angebot verstärken das Gefühl der Exklusivität, das traditionell mit Luxusgütern verbunden ist, und stellen einen Vorteil in Bezug auf die Sichtbarkeit der Marke dar. Die Verwendung von NFT in der Modeindustrie entspricht den Bedürfnissen und Anforderungen der Öffentlichkeit. Viele Menschen wollen ihre einzigartigen Produkte in einer virtuellen Galerie zeigen oder sie von Spielfiguren oder Avataren tragen lassen, so dass ein Markt mit hoher Liquidität entstehen wird.

NFTs und die Kunstwelt

NFTs haben bereits jetzt schon großes vollbracht. Eine ganze Generation junger Menschen nähert sich der Kunstwelt an, indem sie einen alternativen, weniger einschüchternden und transparenteren Markt eröffnet. Das Sammeln ist nicht mehr nur einer exklusiven und privilegierten Klasse vorbehalten. Die kryptografische Kunst in der Blockchain ermöglicht es allen, die dies wünschen, die Arbeit eines Künstlers zu unterstützen. Künstler profitieren von den Vorteilen der Sichtbarkeit und transparenterer Einnahmen durch Smart Contract und Tantiemen. Außerdem erlaubt die Arbeit in der Kryptokunst, zu experimentieren, Fähigkeiten zu verbessern und eine Geschichte aus dem eigenen Blickwinkel zu erzählen. Die besten Künstler, die es auch verstehen, eine Geschichte zu erzählen und ihre Persönlichkeit zu präsentieren, schalten die Mittelsmänner aus und bauen eine enge Beziehung zu den Fans auf. Das Besondere an der digitalen Kryptokunst ist, dass die Künstler die Möglichkeit haben, die Rechte an ihren Werken zu behalten, und dass Neulinge in der Welt der Kryptokunst auf Augenhöhe mit traditionellen und etablierten Künstlern denken und sich bewegen können. Digitale Kunst war schon immer reproduzierbar, und in der Branche für digitale Kunstwerke gab es eine Menge Eigentums- und Rechteprobleme. Bei der Kryptokunst können die Werke durch das Teilen ihrer Bilder in den sozialen Medien oder im Internet betrachtet werden, aber nur derjenige, der sie kauft, hat das Eigentumsrecht. Somit schützt der Künstler auch automatisch seine Rechte.

NFTs und der Immobilienmarkt

An Orten wie Decentraland ist es möglich, einen eigenen Laden mit digitalen Vermögenswerten zu haben, der mit einer Bekleidungskette und vielem mehr verbunden ist. Mehrere Künstler haben NFT-Villen und -Kollektionen geschaffen, die man besuchen kann, sowie große virtuelle Veranstaltungen. Auf diesen Marktplätzen ist der Wert einer Immobilie oder eines Grundstücks viel höher als in der Realität, und eine digitale Immobilie wird in einer Sekunde verkauft, ohne dass ein Zwischenhändler nötig ist. Um die Möglichkeiten zu verdeutlichen, die der Immobiliensektor mit NFTs nutzen könnte, genügt das Beispiel der kanadischen Architektin Krista Kim, die ihr digitales Haus für 288 Ether verkaufte, welche zum damaligen Zeitpunkt über 500.000 Dollar wert waren.. Auf diese Weise brachte die Architektin ihr meditatives Designkonzept in den Bereich der digitalen Vermögenswerte. Der Kauf dieses Designerhauses ermöglicht es dem Besitzer, es in einem Metaverse zu platzieren, einem Begriff, der eine kollaborative virtuelle Welt beschreibt, in der man Immobilien erleben kann. Ein virtuelles Grundstück oder eine virtuelle Immobilie bietet die gleichen Investitionsmöglichkeiten wie der Verkauf von Immobilien. Es ist möglich, in Grundstücke zu investieren, Hotels zu bauen oder Geschäfte einzurichten, wobei die Mindestinvestition bei etwa 25.000 Dollar liegt. Das Potenzial des digitalen Immobillienmarktes ist enorm und man kann gespannt sein, was hier noch auf uns zukommt.

Wie erschaffe ich meinen eigenen Non-fungible Token?

Der Umgang mit NFTs ist viel einfacher, als es klingt, vor allem, wenn man ihre Facetten und Eigenschaften, die zugrunde liegende Blockchain-Technologie und die wesentliche Funktion eines Smart Contracts verstanden hat. Non-fungible Token können virtuell eine endlose Reihe von Objekten repräsentieren, wie Kunstwerke, Songs, GIFs, virtuelle Objekte in Videospielen und vieles mehr, entsprechend den futuristischen und künstlerischen Visionen derer, die sie erschaffen. Wie wir gesehen haben, ist das aber noch nicht alles. Es ist auch möglich, Häuser, Sammelkarten, Autos Tiere, Designer-Turnschuhe, virtuelles Terrain und Ausschnitte aus ikonischen Sportvideos in NFTs umzuwandeln. Die Erstellung eines grafischen Bildes, eines .jpg, das auf der Ethereum-Blockchain platziert werden kann, ist derzeit der meist genutzte Weg. Aber es gibt auch andere, wie Solana, Zilliqa, Flow von Dapper Labs und viele andere. Der Unterschied bei der Auswahl einer Blockchain liegt darin, dass jeder von ihnen auf einem anderen Standard basiert, und es ist notwendig, dies je nach dem Zweck, für den du den NFT erstellen möchtest, und je nachdem, wo du sie dann verwenden möchtest, zu berücksichtigen, da sich die Standards von Wallet zu Wallet ändern können. Um das Bild in ein NFT zu verwandeln, benötigst du folgendes (ich zeige es dir anhand der Ethereum Blockchain):

- Du brauchst etwa 50 bis 100 Dollar in Ether, die Währung, auf der Ethereum basiert. Es gibt viele akzeptierte Währungen, vom Dollar über das Pfund bis zum Euro.
- Du brauchst ein Ethereum-Wallet oder ein Wallet, welches den ERC721-Standard unterstützt, einschließlich MetaMask, Trust Wallet oder Coinbase Wallet.

Am einfachsten ist es meiner Meinung nach mit der MetaMask Wallet. MetaMask ist eine Wallet, die es dir ermöglicht, direkt in deinem Browser mit dezentralen Plattformen zu interagieren, die auf Ethereum basieren. Sie ist mit Chrome, Firefox und Opera kompatibel und ermöglicht es dir den Austausch von Kryptowährungen in Form von Ether und die Verwaltung von ERC20-Token und non-fungible Token in ERC721. Darüber hinaus ist es eine hochsichere Wallet und bietet eine fortschrittliche dApp-Integration mit der Möglichkeit, Käufe über dematerialisierte Apps zu tätigen. Einmal heruntergeladen, ist die Aktivierung und Nutzung ein Kinderspiel. Um so sicher zu sein wie möglich, verwendet MetaMask Private Keys, so dass du dein Geld wiederherstellen kannst, falls du mal keinen Zugriff mehr auf dein Wallet haben solltest. Nach der Installation findest du MetaMask in deiner Browserleiste in Form eines kleinen Fuchs Logos. Sobald du dich mit dem von dir gewählten Passwort angemeldet hast, erscheinen nacheinander 12 Wörter, die du dir merken und auf dem nächsten Bildschirm eingeben musst. Diese 12 Wörter darfst du niemals verlieren oder vergessen!

Websites wie Coinbase sind ideal für den Umtausch von Währungen wie Dollar in Kryptowährungen. Wenn du ein Konto bei Coinbase erstellst, kannst du auf eine Wallet zugreifen, in die du Geld von deiner Bank- oder PayPal-Konto überweisen kannst. Mit ETH in der Coinbase-Wallet kannst du Geld auf deine MetaMask-Wallet senden, die mit dem Marktplatz verbunden ist. Jetzt bist du bereit, dein erstes NFT zu erstellen. Große Marktplätze wie OpenSea, Rarible und Mintable verfügen über eine "Erstellen"-Funktion. Auf einem der größten Marktplätze, OpenSea, klickst du zum Beispiel einfach auf die Schaltfläche in der oberen rechten Ecke, um NFTs zu erstellen und deine Wallet zu verbinden. Dann kannst du deinen persönlichen Ordner erstellen und ihn mit einem Profilbild und einem Titelbild versehen. Wenn du deine eigenen NFTs erstellst, kannst du alle Eigenschaften und einzigartigen Attribute hinzufügen, die die Seltenheit und den Wert der NFTs erhöhen. Der Ersteller hat auch die Möglichkeit, Inhalte hinzuzufügen, auf die nur der Käufer Zugriff hat. Auf Marktplätzen kannst du viele Dateiformate hochladen, entweder statische Bilder oder Animationen. Um deine digitalen Objekte zum Verkauf anzubieten, musst du lediglich eine Beschreibung des Werks verfassen, Tags hinzufügen, mit denen das NFT gefunden werden kann, und den Preis über die Option "Sofort kaufen" festlegen oder ein Mindestgebot festlegen, wenn du möchtest, dass Sammler auf das versteigerte Stück bieten. Du kannst auch ein einzelnes Exemplar oder mehrere Ausgaben desselben Werks zum Verkauf anbieten, aber je mehr Ausgaben erstellt werden, desto weniger wertvoll wird das Werk empfunden. Sobald du alle Optionen festgelegt hast, wandelst du nurnoch deine Datei in den Token um. Wenn du die Preisoptionen für die Token eingibst, kannst du Lizenzgebühren festlegen, die es NFT-Erstellern ermöglicht, jedes Mal, wenn das Objekt an eine neue Person verkauft wird, eine Provision zu verdienen. All dies kann passive Einkommensströme schaffen, die für die gesamte Lebensdauer des Künstlers gelten und automatisch durch Smart Contracts ausgelöst werden. Für das Einstellen eines Werks auf einem Marktplatz kann eine Gebühr anfallen, die je nach gewähltem Marktplatz variieren kann. Der Prozess der Tokenisierung ist mit einer Gebühr verbunden, die als Gasgebühr bezeichnet wird und mit Ethereum bezahlt werden muss. Bei den Gasgebühren handelt es sich im Wesentlichen um die Stromkosten für alle Computer, die die Transaktion berechnen und das Werk tokenisieren. Diese Gasgebühren können variieren und sich jederzeit ändern, je nach Bedarf der Berechnung. Um mit NFTs große Gewinne zu erzielen, ist es sehr hilfreich, ein etablierter digitaler Künstler in den sozialen Medien oder eine Bekanntheit zu sein. Dies ist ein riesiges Meer, in dem man schwimmen kann, und eine Online-Präsenz kann helfen, das Interesse an deiner Arbeit zu wecken. Die Kunst, die du erschaffen kannst, muss nicht so sein wie all die anderen. Originalität könnte ein Unterscheidungsmerkmal sein. Für einen jungen Künstler, der seine ersten non-fungible Token kreiert, ist es wichtig, sich selbst treu zu bleiben, Dinge zu schaffen, die man mit Leidenschaft macht, und in der Lage zu sein, diese Leidenschaft anderen zu vermitteln.

Wie mache ich ein gutes Investment mit NFTs?

NFTs haben so einen enormen Hype, weil bekannte Sänger, Künstler, Unternehmer und viele andere, die diese Welt jeden Tag entdecken, beachtliche Umsätze gemacht haben. Doch hinter diesen Verkäufen steckt mehr als nur der Hype oder das Glücksspiel, das viele Menschen mit der Welt der NFTs assoziieren. In Wirklichkeit handelt es sich um Investitionen, die kalkulierbar und durchdacht sind und auf mehreren Vorrechten beruhen, die den Kauf beständig und wertvoll machen. Es kommt vor allem auf den Bekanntheitsgrad des NFT-Schöpfers an. Der Schöpfer, die Marke oder das Genre, von dem das NFT stammt, sollte berühmt sein. Du solltest versuchen die allererste Auflage zu bekommen, denn die Menschen wollen immer ein Stück Geschichte haben, und es ist möglich, vom Wiederverkauf des Objekts zu profitieren. Des Weiteren ist die Seltenheit unerlässlich, denn je seltener ein Gegenstand ist, desto wertvoller ist er.

Um ein guter NFT-Käufer zu sein, braucht man eine gewisse Marktorientierung und eine gute Portion Grips. Kunst schaut nicht auf Ranglisten, aber Sammler nutzen oft die Ranglistenseite von OpenSea, um neue und spannende NFT-Ersteller zu entdecken. Man muss sich zunächst darüber im Klaren sein, welche Art von NFT man zu kaufen beabsichtigt und auf welchen Standards sie beruhen. Denn einige von ihnen sind nur auf bestimmten Plattformen verfügbar, und man muss ein Konto auf der genutzten Plattform haben und seine Geldbörse damit verbinden können. Um zum Beispiel NBA Top Shot zu kaufen, musst du ein Konto bei Drapper eröffnen und eine Geldbörse erstellen, und du musst die Währung USDC (Stablecoin) besitzen. Es ist auch wichtig, die Verteilung der NFT-Projekte zu verstehen. Einige Gemeinschaften isolieren sich um ein einziges Projekt, wie z. B. Gods Unchained-Spieler, aber einige Enthusiasten spielen mit CryptoKitties und nehmen aktiv am Austausch zwischen den Gemeinschaften teil. Viele bleiben auch im Umfeld ihrer Blockchain und unterstützen alle Projekte innerhalb der Chain, wie z.B. die Zilliqa Community mit den Ducks, Unicutes, Bears usw.,die die meisten noch gar nicht auf dem Schirm haben. Wobei auch hier eine Bridge zur ETH Community aufgebaut wird um die Märkte zu verbinden.

Sicher ist, dass der Einstieg in die Welt der NFTs zum jetzigen Zeitpunkt von enormen Vorteil ist. Es ist ein Trend, der nicht verschwinden wird, der aber gerade erst am Anfang ist und in den es sich zu investieren lohnt. Von Woche zu Woche in Sekundenschnelle ausverkaufte Comic-Drops von Marvel/Veve zeigen, was für ein enormes Potenzial hier in Zukunft zu erwarten ist.

NFTs und ihr Potenzial

Je nach Branche und Anwendung haben NFTs mehrere nachweisbare und revolutionäre Vorteile. In der Kunst gibt es viele bestehende digitale Werke, deren Herkunft vor dieser Technologie nicht geschützt werden konnte. Durch die Einführung des Prinzips der Knappheit und Einzigartigkeit haben NFTs die Macht in einer Welt, die von Galerien, Auktionshäusern und Investoren monopolisiert wurde, neu verteilt. Kunstprojekte von berühmten Künstlern lösen nicht nur wegen der Kosten der einzelnen Werke einen solchen Hype aus, sondern vielmehr wegen des Wandels und der revolutionären Auswirkungen, die sie auf dem Kunstmarkt und darüber hinaus haben. Bislang war es so, dass man für den Besitz von Kunstwerken hohe Summen aufwenden musste, denn es sind einzigartige Objekte, die sich wohlhabende Käufer aus aller Welt zu eigen machen. Heute ist Kunst in Form von Token für jeden sichtbar, manche Werke sind sogar für jedermann zugänglich, und jeder hat Zugang zu einem Marktplatz und einer Galerie für zeitgenössische Kunst mit der Möglichkeit, Besitzer eines einzigartigen und wertvollen Werks zu werden. Auf diese Weise können sich auch die Künstler selbst nach ihren eigenen Vorlieben präsentieren. Die Demokratisierung der Kunst beginnt bei NFTs. Viele Menschen fragen sich jedoch, warum sie für etwas bezahlen sollen, das sie einfach herunterladen und auf ihrem Computer speichern können. Das Problem ist, dass das heruntergeladene Bild auf deinem Computer keinen wirklichen Wert hat; es kann nicht den gleichen Wert haben wie das Originalbild. Es ist genau so, als würde man ein Bild von der Mona Lisa herunterladen. Egal wie gut die Auflösung des Bildes wäre, es würde niemals den gleichen Wert haben wie das Original, eher sogar gar keinen. Der Wert der kryptografischen Kunst beruht auf ihrer Seltenheit und Nichtreproduzierbarkeit. Was schwer zu verstehen ist, ist, dass der wahre öffentliche Wert des getätigten Kaufs nicht nur das Werk und das, was es darstellt, ist, was der persönlichen Sphäre vorbehalten ist, sondern tatsächlich im Token selbst liegt. Bei anderen Anwendungen beruht der Wert jedoch auf der Übertragbarkeit der NFTs, so zum Beispiel bei Trading-Card Games wie Gods Unchained. Diese Möglichkeit, die durch die Schaffung von Peer-to-Peer-Standards gegeben ist, macht NFTs noch begehrenswerter.

In der Gaming Welt war es schon vor dem Aufkommen von NFTs üblich, Geld auszugeben, um einen bestimmten Skin für Spielfiguren zu erhalten (nicht dass ich jemals für einen Skin gezahlt hätte). Die Erstellung eines NFT bedeutet, dass der Skin authentisch und jederzeit zu seinem ursprünglichen Besitzer zurückverfolgbar ist. Es ist also die Blockchain-Technologie, die es möglich macht, dass NFTs einen Wert annehmen, und es ist dieselbe Technologie, die in Zukunft ihre Anwendungen in der Kunst, im Spiel, in der Industrie,Wirtschaft, in der Musik, im Tourismus, im Immobilienbereich und in vielen anderen Bereichen ermöglicht.

Allerdings birgt auch die revolutionärste aller Technologien Herausforderungen, Probleme und potenzielle Nachteile. Zum Beispiel könnten viele NFT-Ersteller nach dem schnellen Geld suchen und die Auflagen ihrer Werke übermäßig steigern. Zu viele Auflagen desselben Werks würden unweigerlich zu einer Entwertung des NFT und damit zu einer Verarmung der Idee der Einzigartigkeit führen, für die das NFT steht. Der digitale Kunstmarkt ist größer, als die meisten denken. Aus diesem Grund haben einige Plattformen Auswahlkriterien aufgestellt, nach denen Künstler ihre Kunst verkaufen können, was den Zugang erschwert. Darüber hinaus ist die Welt der Kryptokunst, so sehr sie auch für potenziell viel mehr Menschen erreichbar sein mag, oft erfahrenen Anlegern vorbehalten, die bereits von diesem Sektor profitiert haben und für die der Besitz digitaler Vermögenswerte ein kulturelles Merkmal ist. Davon sollte man sich nicht entmutigen lassen. Es ist nur eine Frage der Zeit, dass dieser Markt für viele zum Mainstream wird. Es liegt ein Wandel in der Luft, und das Potenzial ist endlos. Für aufstrebende Künstler stellt die Kryptokunst heute die beste Alternative zur traditionellen Kunst dar. Allerdings gibt es eine Hyperaktivität zwischen Angebot und Nachfrage, d. h. eine ständige Bewegung, die zu einer Hyperproduktion und einem Hyperkonsum führt, was es einigen Künstlern schwer macht, in Erscheinung zu treten und gesehen zu werden. Eine große Debatte ist um die ökologische Frage der NFTs entstanden, die die Auswirkungen der Kryptowelt auf die Umwelt betrifft. Diese Infrastruktur wird mit Strom betrieben, der hauptsächlich mit fossilen Brennstoffen erzeugt wird, die 64 % der weltweiten Stromerzeugung ausmachen (Kohle 38 %, Öl und Gas 26 %), aber dieses Problem wird sich mit der Zeit lösen lassen.

NFT-Kunst einfach erklärt

NFT Kunst ist eine sehr neue künstlerische Bewegung, bei der der Künstler Kunstwerke in Form von Standbildern oder bewegten Bildern produziert, die dann in Zusammenarbeit mit dem Computer animiert und mithilfe der Blockchain-Technologie denzentralisiert werden. Die Kryptokunst ist eine Bewegung, die die traditionelle Kunst untergräbt, da das Blockchain-Netzwerk weder für die Künstler noch für die Verbraucher eine Barriere darstellt. Der Wandel, den diese neue Technologie mit sich bringt, macht im Internet die Runde und ist in aller Munde. Die Neugier auf das Phänomen und die Veränderungen, die es für die Kunstwelt, wie wir sie kennen, mit sich bringen könnte, hat zugenommen. Wenn ein Kunstwerk, z.B. ein Bild im digitalen .jpg-Format, in ein Token umgewandelt wird, wird es Teil des kryptografischen Portfolios des Künstlers. Und wenn ein Schöpfer einen digitalen Vermögenswert zu einer digitalen Galerie hinzufügt, wird ein Token generiert und in der Wallet des Künstlers durch einen Smart Contract hinterlegt, der als Regulator des Systems fungiert und auf denselben Klauseln wie ein gewöhnlicher Vertrag basiert. Ein Smart Contract läuft jedoch völlig automatisch ab und erfordert keine Vermittler. Der Token ist untrennbar mit dem Kunstwerk verbunden und stellt einen einzigartigen Vermögenswert dar, der das Eigentum und die

Authentizität des zugrunde liegenden Kunstwerks repräsentiert. Sobald das Kunstwerk im Blockchain-Netzwerk zum Verkauf angeboten wird, erhält es einen einzigartigen Code, der nur ihm zuzuordnen ist und seinen Inhalt kennzeichnet. Auf diese Weise kann dieses einzelne Bild über mehrere Knoten des Netzwerks verteilt werden und jederzeit verkauft werden, wobei der Code und die Metadaten unverändert bleiben, wie z.B. die Eigenschaften, die das Werk selbst beschreiben und konzeptionell als einzige verfügbare digitale Ressource oder Vermögenswert identifiziert werden können. An diesem Punkt wird bestätigt, dass jeder das Werk sehen kann, das unzählige Male reproduziert werden kann. Seine Kopien sind jedoch nicht wertvoll. Der mit dem Kunstwerk verknüpfte Token hingegen ist das eigentliche Kunstwerk, er ist absolut einzigartig. Wie bei physischen Galerien oder Museen hat auf Blockchain-basierten Plattformen jeder zugriff, kann das Kunstwerk bewundern und die Plattform durchstöbern. Aber auch wenn das Werk für alle sichtbar und reproduzierbar ist, kann nur der Sammler, der es kauft, den Besitz dessen beanspruchen, was der Künstler mithilfe der Blockchain als Original gekennzeichnet hat.

Natürlich muss der Käufer verstehen, dass er ein digitales Kunstwerk besitzt und kein physisches Objekt, das er sich an die Wand hängen kann. Und hier müssen viele Vorurteile einer Generation ausgeräumt werden, die den Wert eines Objekts nach seinem materiellen Gewicht und nicht nach seinem inneren Wert beurteilt - ein Konzept, das Millennials und nachfolgende Generationen oft besser verstehen. In der traditionellen Kunst machen mehrere Faktoren ein bestimmtes Kunstwerk wertvoll, z.B. seine Herkunft, sein Zustand, seine Authentizität, seine Präsentation und seine Qualität. Durch die Verknüpfung von digitaler Kunst mit nicht fälschbaren Token ist es möglich, ähnliche Merkmale wie die Authentizität traditioneller Kunst in der Kryptokunst nachzuweisen. Doch wie bei einer Wirtschaftswährung basiert der kommerzielle Wert des Kunstwerks auf kollektiver Intentionalität. In der Tat ist der Wert weder objektiv noch extrinsisch, die menschliche Bestimmung oder Aussage ist das, was dem Kunstwerk seinen kommerziellen Wert verleiht. Was viele nicht bedenken, ist, dass sich die Art und Weise, wie Dinge heute gemacht werden, verändert hat. Das gilt für Spiele, Finanzen, Immobilien und das Sammeln, aber es gibt immer noch eine Voreingenommenheit gegen digitale Kunst. Das Problem, das sich für die digitale Kunst ergab, war ihre Reproduzierbarkeit, der Verlust ihrer Aura durch die Möglichkeit, sie zu kopieren, wie Walter Benjamin postulierte. Die Kryptokunst hat der digitalen Welt jedoch definitiv etwas Einzigartiges gegeben. Obwohl einige Künstler bezweifeln, dass sie mit dem traditionellen Markt konkurrieren kann, wächst der Krypto-Kunstmarkt schnell. Damien Hirst hat sogar angekündigt, dass er auf die Kryptokunst setzt, indem er bis zu zehntausend Originalwerke zum Verkauf anbietet, die vor langer Zeit auf Papier geschaffen wurden und derzeit in einem Tresor eingeschlossen sind. Hirst sagte, dass seine Werke durch den Start auf der Blockchain zum Leben erweckt werden und dann als NFTs existieren werden. Digitale Kunst gibt es seit dem Aufkommen von Computern, und die größte Herausforderung der digitalen Kunst - die Seltenheit - wurde durch das Aufkommen von NFTs überwunden. NFTs arbeiten auf dezentraler Basis und eliminieren die Zwischenhändler in der physischen Welt für traditionelle Kunst. Einige Plattformen ermöglichen es Künstlern, ihre Werke zu verwalten und Tantiemen und Provisionen für Primär- und Sekundärverkäufe zu erhalten, und das alles auf der Grundlage eines vom Netzwerk selbst aufgebauten Vertrauenssystems, bei dem sich die Parteien nicht kennen müssen, um die Transaktion durchzuführen. Der Aspekt, der jedoch mit dem traditionellen Kunstmarkt verbunden bleibt, ist die Bewertung des Kunstwerks, die entsprechend subjektiv ist.

Künstler, die bereits berühmt sind, haben sicherlich die Möglichkeit, die Preise für ihre Werke zu erhöhen, und es ist wahrscheinlicher, dass ihre Kunstwerke gekauft werden, da der Käufer die Möglichkeit hat, einen künftigen Gewinn zu erzielen oder sie einfach zu sammeln. Aber es ist ein ganz anderer Markt, demokratischer und offener für junge, aufstrebende Künstler, die schon seit langem mit der digitalen Umgebung experimentieren. Die digitale Kunst hat die traditionelle Kunst nie ersetzt, und die NFTs werden es wahrscheinlich auch nicht, denn die konventionelle Kunst ist historisch zu einflussreich, um verdrängt zu werden. Ihr Wert ist bis heute ungebrochen. Man könnte sogar sagen, dass sie noch einflussreicher geworden ist, nicht im Sinne von Geld, sondern eher im Sinne von Möglichkeit, Offenheit, Neuheit und Frische.

Die kryptografische Kunst ist eine der wenigen künstlerischen Bewegungen dieses Jahrtausends, die die Sprache ihrer Zeit spricht, ein neuer digitaler Ausdruck, der auf die neue Generation von Sammlern und Künstlern zugeschnitten ist. Hatte ein Künstler, der digitale Kunstwerke geschaffen hat, bis vor kurzem aufgrund ihrer unendlichen Reproduzierbarkeit nur sehr wenige Chancen, sie auf den Markt zu bringen, so werden diese digitalen Kunstwerke heute dank der Blockchain in limitierter Auflage hergestellt und erhalten so einen Tauschwert. Anders als in der traditionellen Kunstwelt bitten Krypto-Künstler nicht um die Erlaubnis von Galeristen, Agenten, Auktionshäusern oder anderen, ihre Werke zu teilen und zu verkaufen. Sie nutzen einfach die Blockchain und entscheiden selbst, wie sie ihre Werke präsentieren und der Öffentlichkeit zugänglich machen.

WIE ALLES BEGANN

Obwohl viele das Konzept der digitalen Knappheit durch die Idee, Kunst über die Blockchain zu verkaufen, schon seit geraumer Zeit erforscht haben, ist die Entwicklung der Blockchain noch nicht abgeschlossen. Traditionell ist die allgemeine Vorstellung, dass der Wert einer Sache sinkt, wenn sie kostenlos kopiert und vervielfältigt werden kann, diese Marktperspektive scheint jedoch in Bezug auf digitale Kunst überholt zu sein. Die meisten Sammler sind der Meinung, dass Kunst nur dann einen Wert hat, wenn sie eine messbare und überprüfbare Knappheit aufweist. Die Blockchain löst dieses Problem für digitale Künstler, indem sie die Idee der überprüfbaren digitalen Knappheit einführt. Jedes Kunstwerk ist mit einem einzigartigen Token verbunden, das in der Blockchain ausgegeben wird. Der erste Schritt zur Schaffung des Krypto-Kunstmarktplatzes war Joe Looneys Rare Pepe Wallet, das den Weg für die Möglichkeiten des Kaufs, Verkaufs, Handels und Verschenkens digitaler Kunstwerke auf der Blockchain ebnete. Joe und seine Community haben nicht nur den ersten Marktplatz dieser Art konzipiert, sondern auch als erste bewiesen, dass er in großem Maßstab funktionieren kann, indem sie digitale Kunst für Millionen von Dollar verkaufen. Rare Pepe Wallet war der Pionier der Blockchain-Communitys, in denen jeder Kunstwerke kaufen, verkaufen und tauschen kann, der erste, der diese Dienste ohne Zahlung von Provisionen anbot, und der erste, der an die Blockchain gebundene digitale Kunstwerke schuf, die ihre Darstellung je nach dem Ort, an dem sie ausgestellt werden, ändern, und damit auch bewies, dass seltene digitale Kunst auch in der physischen Welt existieren kann. Das war 2016 und folgte auf ein anderes digitales Knappheitsprojekt auf der Blockchain, das mit Online-Spielen zu tun hatte: Spells of Genesis. Der Unterschied bestand darin, dass es bei Rare Pepe möglich war, eine eigene Karte zu erstellen und somit einen ganz eigenen digitalen Vermögenswert zu besitzen. Rare Pepe wurde auf Counterparty aufgebaut, und im Zuge seines Erfolgs wurden viele andere Projekte geboren. Zu den bekanntesten gehören CryptoPunks, mit dem man Avatare in niedriger Auflösung und mit verschiedenen Eigenheiten sammeln kann, oder Dada.NYC. Diese Projekte sind sehr unterschiedlich, aber sie haben ein Modell für das Funktionieren der Kunst in der Blockchain geschaffen. Der Gedanke, der die Revolution vorangetrieben hat, ist die dezentralisierte Ethik, die es Künstlergemeinschaften ermöglicht, ein sicheres und rentables Geschäftsmodell zu schaffen. Sobald die Möglichkeit, Geld zu verdienen, erkannt wurde, explodierten Projekte wie Cryptokitties, die auf Ethereum basieren und es den Menschen ermöglichen, kleine virtuelle Kätzchen zu kaufen, zu sammeln und zu züchten. Danach wurden mehr und mehr

Blockchain-basierte Projekte ins Leben gerufen, die immer vielfältiger wurden. Zu ihnen gehören KnownOrigin, SuperRare und DigitalObject. Obwohl sich ihre Angebote oberflächlich betrachtet recht ähnlich waren, unterschieden sich die Künstler und Schöpfergemeinschaften der einzelnen Projekte durch ihre unterschiedlichen Ansätze. Der Erfolg dieser Galerien war zunächst auf die Senkung der Galerieprovisionen für Primärverkäufe, aber die Künstler begannen auch, ihre Werke zu tokenisieren, um die Präsentation ihrer Bilder auf der Blockchain zu kuratieren, wo sie sowohl das Aussehen als auch das Gefühl der Benutzererfahrung selbst bestimmen konnten. Diese Möglichkeit, die vollständige Kontrolle über den Prozess zu übernehmen, führte auch zu einer allmählichen Vereinfachung des Tokenisierungsprozesses, was zu einem wachsenden Interesse an Kryptokunst führte.

Die mit der Blockchain entstandene Kunst präsentiert eine völlig neue Ästhetik und stellt eine neue Bewegung in der Kunstwelt dar. Computer und das Internet haben die Bewegung der Kunst in Richtung Allgegenwärtigkeit und Freiheit beschleunigt, aber durch die Blockchain kann ein digitales Kunstwerk nun so einzigartig sein wie die Mona Lisa. Der Prozess der Liberalisierung wurde also durch die Wiedereinführung von Knappheit und Authentizität umgekehrt.

Die NFT-Kunstwelt einfach erklärt

Ein NFT führt Knappheit und den damit verbundenen Wert in den digitalen Kontext ein. Vor dem Aufkommen der Blockchain-Technologie war es fast unmöglich, digitalen Kunstwerken einen Wert zuzuweisen, da die Möglichkeit der Vervielfältigung bestand. Die Kryptokunst hat es geschafft, das Interesse junger Künstler an der Schaffung von Kunstwerken sowohl auf materieller Ebene (Zeichnungen, Gemälde und Skulpturen) als auch in der digitalen Welt durch Vernetzung und neue Technologien wie die Blockchain zu vereinen. Während die Blockchain in vielen Branchen eingesetzt werden kann, findet sie in der Kunst dank interessierter Schöpfer und Investoren, die etwas Innovatives und Wertvolles besitzen wollen, derzeit großen Anklang.

Ein NFT kann alles sein, von einem .jpg über ein GIF, eine Videoschleife mit oder ohne Ton bis hin zu einem Lied und mehr. Sobald sie in der Blockchain platziert sind, werden diese Vermögenswerte zu Token und können sicher und unverletzlich, unveränderlich und unteilbar bleiben. Einfach ausgedrückt: Die erstellte Datei wurde "tokenisiert", dass heißt mit etwas Digitalem in der Blockchain verknüpft, und die Tokenisierung ist entscheidend für den Nachweis des Eigentums an diesem bestimmten Vermögenswert. Zu diesem Zeitpunkt ist der erstellte Token noch nicht das Kunstwerk. Vielmehr bescheinigt er sein Eigentum. Um die Kryptokunst zu erzeugen, müssen zusätzliche Informationen mit dem Token verknüpft werden, wie eine Art Metadaten, zu denen der Link zu dem Bild, GIF, Video oder Lied gehört, das man als NFT umwandeln möchte. Hier könnten einige Zweifel aufkommen. Du könntest zum Beispiel denken, dass der Künstler das Asset nach der Erstellung des NFT ändern könnte oder dass der Host (Marktplatz) des Assets verschwinden könnte, aber es gibt Lösungen für diese Art von Problemen.

Der NFT ist nicht das erstellte Kunstwerk an sich. Vielmehr stellen der erstellte Token und der Vermögenswert die vollständige Verschlüsselung dar. Selbst wenn also jemand das Bild kopiert, würde diese Kopie keine Rolle spielen, da ein kopiertes Objekt nicht den gleichen Wert generiert wie der Besitz des Originals und der Nachweis des Eigentums. Die Möglichkeit, das Bild zu reproduzieren, ist kein Problem für den Krypto-Kunstmarkt, da sie die Möglichkeit, es zu verkaufen, nicht einschränkt. Der NFT hat einen offiziellen Künstlerwert. NFTs repräsentieren die offizielle Version des Kunstwerks und revolutionieren nicht nur die Art und Weise, wie Kunst geschaffen wird, sondern verändern das gesamte System des Verkaufs und Kaufs, da sie viel mehr Menschen einbeziehen können, sowohl aufstrebende Künstler als auch Investoren.

Kunst und Sammlerstücke sind eine neue und alternative Art der Investition. Der Wert von NFTs ist technisch unbestritten, aber wo liegt der Wert eines reproduzierbaren digitalen Werks, selbst wenn es einzigartig ist? Kunst ist eine persönliche Sache, die mit Menschen kommuniziert. Auch wenn man sie nicht aus erster Hand erleben kann, kann man sie nicht anfassen. Außerdem sind manche Werke epochemachend. Krypto-Künstler fügen der Blockchain nicht nur Stücke hinzu, sondern erzählen eine kulturell bedeutsame Geschichte der Technologie selbst, während sie sich entwickelt. Digitale Galerien wie Known Origin, SuperRare und Nifty Getaway machen hier einen Unterschied, denn sie ebnen den Weg für Experimente und ermöglichen es Investoren, ihre Lieblingskünstler zu unterstützen. Kryptokunst erweitert die begrenzten Möglichkeiten, digitale Kunst bei speziellen Veranstaltungen oder Versammlungen auf Plattformen zu präsentieren und zu verkaufen. Außerdem hat die Kryptokunst das Potenzial, die Reichweite digitaler Kunstwerke auf die traditionelle Kunstwelt auszudehnen, die immer noch zögert, digitale Kunst zu akzeptieren.

Was macht ein NFT-Kunstwerk wirklich aus?

Was sind die gemeinsamen Faktoren, die NFT-Kunstwerke ausmachen und die die Ästhetik und die Gemeinschaft bis heute geprägt haben?

- Ein Krypto-Künstler profitiert von vielen Vorteilen, darunter die folgenden:
- Er ist von Rücksendungen befreit.
- Er muss sich nicht um Verpackung oder Versand kümmern.
- Er kann international verkaufen, ohne sich um Zollgebühren usw. kümmern zu müssen.
- Er kann Kunstwerke frei tauschen und verschenken.
- Die Verkaufsprovisionen sind niedrig oder gleich null.
- Er kann von einem Prozentsatz durch Tantiemen profitieren.
- Er hat die vollständige Kontrolle über die Preisgestaltung und verwaltet selbständig Rabatte oder Werbeaktionen.

Krypto-Kunstplattformen machen es einfach, digitale und zugängliche Kunst zu tokenisieren und bieten gleichzeitig eine neue und attraktive Einnahmequelle.

Diese NFT- und Krypto-Kunstmarktplätze sind auch sehr inklusiv, da sie sich nicht auf ein elitäres Marktsegment konzentrieren, sondern aufstrebende Künstler ermutigen, zu schaffen und Honorare zu verdienen. Einer der bemerkenswertesten Aspekte der Kryptokunst sind gerade die Gemeinschaften, die sich um die Plattformen scharen. Die meisten Marktplätze bieten informelle Gruppen in Chat-Apps wie Telegram an, die den Austausch und die Kommunikation zwischen Krypto-Künstlern, Sammlern, Enthusiasten und Gründern auf eine noch nie dagewesene Weise ermöglichen. Die Gruppen sind vielfältig und international und kommen aus den unterschiedlichsten Bereichen, darunter Entwickler, Wissenschaftler und Künstler. Sie neigen daher dazu, wirklich multidisziplinäre Kunstkollektive zu bilden. Was diese Menschen eint, ist die gemeinschaftliche und inhärent kollaborative Natur des Krypto-Ökosystems, eine absolute Fülle an innovativer Kreativität und der Enthusiasmus, sich etwas anderes vorzustellen und die Grenzen des Möglichen zu erweitern. Darüber hinaus ist die Kryptokunst ein neuer und dynamischer Markt, der unweigerlich viele unterschiedliche Unternehmen anlockt. Dies kommt Künstlern zugute, die sich in spannenden Kooperationen mit Marken wiederfinden, die Teil der Kryptowelt werden wollen. Pringles, die berühmte Marke Chips, hat beispielsweise ein digitales Kunstwerk von dem Künstler Vasya Kolotusha erstellen lassen: "Cryptocrisp", eine Video MP4-

Datei, die eine goldene Pringles-Dose darstellt, ist "der erste virtuelle NFT-Geschmack". Der Startpreis für eines der 50 limitierten Exemplare, die auf Rarible angeboten werden, lag bei etwa 2 Dollar, und mittlerweile, liegt er weit im vierstelligen Dollarbereich.

Künstler aus der ganzen Welt beteiligen sich gerade wegen der Macht und der Möglichkeiten der Blockchain. Deshalb kann man die Kryptokunst als eine globale Bewegung ohne Grenzen bezeichnen. Bei der digitalen Kunst gibt es keine Machtzentren mehr, keine trendsetzenden Galerien und keine Agenten, die das Beste und Schlechteste aus den Dingen machen. Stattdessen geht es darum, einen künstlerischen Elan zu haben, sich von der Masse abzuheben und einen eigenen entmaterialisierten Ort im Internet zu schaffen, an dem man seine Kunst ausstellen und so auf den Markt kommen kann.

Beim Durchstöbern der Online-Galerien wird deutlich, dass jeder zur Teilnahme ermutigt wird, es gibt keine Unterscheidung nach Geschlecht, Klasse, Alter, Glaubensrichtung usw. Kryptokunst verteilt auch die Macht auf dem Kunstmarkt neu. Virtuelle Galerien gewähren jedem Zugang, wie eine Art öffentliches Museum. In der Tat werden Blockchain und Kryptokunst die Art und Weise, wie Museen betrachtet werden, verändern. So passt sich beispielsweise auch das Guggenheim Museum in New York dem neuen Trend an und sucht nach einem Experten auf diesem Gebiet - nicht nur, um das Phänomen, das den Markt überwältigt, besser zu verstehen, sondern auch, um direkt in den Markt einzugreifen, indem es eine Ankaufsstrategie plant und weiß, wo und wie es investieren kann. Führungskräfte von Museen haben Kryptokunst als "ein schnell wachsendes und höchst wünschenswertes Gebiet für die Kunstwelt" definiert. Das Guggenheim gehört zu den ersten großen Museen, die beginnen, das Thema NFT ernst zu nehmen. Auch Sotheby's hat sich kürzlich entschieden, in den NFT-Markt einzusteigen, und setzt auf den Pak-Künstler, der im Dezember 2020 mit einem seiner NFT-Werke eine Million Dollar verdienen konnte. Schließlich hat sich Phillips, ein weiteres historisches Traditionsauktionshaus, mit der Ankündigung von Replicator, einem Werk von Mad Dog Jones, das alle 28 Tage neue NFTs erzeugen kann, in den großen Strudel der kryptografischen Kunst begeben. Offensichtlich ändern sich die Zeiten schnell, und die Technologien auch. Als smarter Investor ist es unerlässlich, diese neue virtuelle Kunst zu beherrschen.

Kryptokunst soll die zentralisierte Macht reduzieren und die Autonomie der Künstler erhöhen. Dies ermöglicht es einem, den alten Kanon der Kunstgemeinschaft aufzubrechen und sich einem unbegrenzten Publikum zu öffnen, ohne dass man Vermittler bräuchte. In der traditionellen Kunstwelt sind Vermittler Galerien, Händler, Auktionshäuser, Kuratoren und so ziemlich jeder, der zwischen dem Künstler und einem Sammler steht. Bei NFTs nehmen die Vermittler die Form von Kryptoplattformen an. Um Kryptokunst zu schaffen und zu verkaufen, ist es hypothetisch möglich, alles selbst zu machen. In der Praxis muss man jedoch bekannt werden und ein unverwechselbare und profitable Marke aufbauen.

Jeder Künstler kann sich dafür entscheiden, anonym zu bleiben, wenn er das möchte. Die Anonymität ermöglicht eine größere Freiheit von Angriffen oder sozialer Kritik. Darüber hinaus kann Anonymität, um das Beispiel von Banksy zu zitieren, auch das Vermögen eines Künstlers vergrößern, indem sie die Neugier der Menschen schürt. Einige Künstler, die sich der staatlichen Zensur widersetzen, können durch die anonyme Veröffentlichung ihrer Werke die Vorteile des Schutzes ihrer Privatsphäre nutzen.

Der Meme-Hype ist heute allgegenwärtig. Einige Krypto-Kunstwerke werden zwangsläufig viral gehen, und das ist auch gut so, denn so können sie sich schnell verbreiten. Dies ändert auch die Regeln für Förderer und die Sammlungsparadigmen, wodurch das Prinzip der Knappheit für das Gesamtergebnis entscheidend wird.

Kryptokunst ist eine Nischenwelt, in der Künstler und Sammler oft andere Künstler oder sich selbst zitieren oder auf wichtige Ereignisse und Persönlichkeiten in der Welt der Kryptowährungen Bezug nehmen. Es gibt viele Beispiele dafür, gerade weil Kryptoumgebungen gemeinschaftsbasiert sind. Ob auf Telegram, Discord, Reddit oder anderen sozialen Kanälen, Künstler und Sammler sind ständig im Gespräch, tauschen sich aus und lösen Debatten aus. So ist es unvermeidlich, dass sie sich in ihren Werken gegenseitig zitieren und sich weniger auf entferntere Formen und Modi beziehen.

Auftragsarbeiten und die Kosten für die Realisierung werden drastisch reduziert. Außerdem kann jeder Künstler durch Tantiemen Einnahmen aus Zweitverkäufen erzielen. Die Vorteile für die Künstler sind beträchtlich, und es ist interessant, die Entstehung und Entwicklung eines Phänomens zu beobachten, das es den Künstlern ermöglicht, ihre Kunst direkt zu verbreiten und unabhängig neue Beziehungen aufzubauen.

Die Kryptokunst ist ein Umfeld, das nicht nach den traditionellen Maßstäben beurteilt werden kann, da diese die Besonderheiten und den Innovationsgehalt dieser Art von Kunst zunichte machen würden. Zu den Kriterien, die in der konventionellen Kunst verwendet werden, gehören zum Beispiel der Erhaltungszustand des Werks, die angewandte Technik, die Unterstützung, die Größe, die Teilnahme an berühmten Ausstellungen und vieles mehr. Diese Kriterien sind auf Kryptokunst einfach nicht anwendbar. Es handelt sich um eine neue künstlerische Ausdrucksform, die mit Demut und Neugierde betrachtet werden sollte, wobei zu berücksichtigen ist, dass die Beurteilung eines Werks nach seiner

Kreativität, seiner Ausdruckskraft und seinem allgemeinen künstlerischen Wert höchst subjektiv ist. Es ist wichtig, sich daran zu erinnern, dass der Kauf eines Werks auch die Emotionen des Sammlers einschließt.

Jeden Tag kommen neue Künstler und Sammler hinzu. Daher werden neue Produkte wie digitale Displays oder Bilderrahmen auf den Markt gebracht, um ihre NFT-Kunstwerke zu reproduzieren. Bisher haben NFT-Enthusiasten und -Sammler ihre wertvollen NFTs in einer kryptografischen Wallet aufbewahrt. Dank dieser Geräte können sie die gekaufte Kunst genießen, indem sie sie wie ein echtes Gemälde oder Video an die Wand hängen. Die Displays sind in die wichtigsten NFT-Plattformen integriert und haben ein schlankes Design, das das Kunstwerk oder eine ganze Galerie von Kunstwerken zur Geltung bringen kann. Es sind keine Anwendungen und keine Konfiguration erforderlich, es handelt sich lediglich um ein Video oder Bild, das in einer Endlosschleife läuft. Mit digitalen Rahmen kauft man keine Spielerei, sondern ein bewegtes Bild, das dank der langen Akkulaufzeit tagelang wiedergegeben werden kann. Es ist interessant, wie die Welt der Kryptokunst einen neuen Kunstmarkt und neue interessante kommerzielle Möglichkeiten schafft.

Sammler, die digitale Kunst kaufen, besitzen die Werke sicher durch die Kryptographie und können das Werk verkaufen oder handeln, wenn die Nachfrage nach Kunst hoch ist. Wenn ein Werk verkauft oder getauscht wird, haben die Künstler immer noch die Urheberschaft an jedem Werk, so dass sichergestellt ist, dass alle Anerkennung letztendlich an sie geht. Obwohl viele die Einzigartigkeit digitaler Kunstwerke in Frage gestellt haben, haben die NFTs das Prinzip der Seltenheit wieder eingeführt und erneuert. Heute können sogar digitale Vermögenswerte selten sein. Aus der Investitionsperspektive ist es wichtig, zwischen Einzel- und Mehrfachauflagen zu unterscheiden. In der Vergangenheit waren sogenannte "Multiples" eine Möglichkeit, die Kunst von Künstlern wie Duchamp, Picasso und Warhol zu demokratisieren. Im Zeitalter des Internets und der sozialen Netzwerke stellen Multiples jedoch einen neuen sozialen Wert dar. Mit dem Generationswechsel bei den Kunstsammlern hat sich auch das Sammelparadigma grundlegend verändert. Für jüngere Sammler ist die Grenze zwischen Kunst und Trendprodukten fließend geworden, und außergewöhnliche Kunstwerke, die sich wirklich auf dem Markt bewähren, mindern nicht den Marktwert, sondern machen das Kunstwerk nur noch wertvoller. Es ist an der Zeit, das Prinzip der Verknappung neu zu bewerten.

Kryptokunst ermöglicht es selbst den aufstrebendsten Künstlern, sich einen Namen zu machen. Sie können über soziale Kanäle wie Telegram oder Twitter Werbung schalten, denn dort finden sich oft Fans und auch Investoren. Ein Krypto-Künstler ist oft Autodidakt. Das ist ein Vorteil und ein Nachteil, wenn man nicht über die technischen Fähigkeiten verfügt, um sich bekannt zu machen und effektiv zu vermarkten.

Bei der Betrachtung des potenziellen Werts eines NFT-Werks kommt es auf die verwendete Kryptowährung und der Sammlerwert des Werks an. Der Wert von Ethereum entwickelt sich ständig weiter. So ist er beispielsweise von Anfang 2021 bis heute um ein vielfaches gestiegen und liegt derzeit bei mehr als 3000 $. Ein Sammlerstück ist ein Gegenstand, der für einen Sammler von Interesse oder Wert ist. Bei Sammlerobjekten handelt es sich in der Regel um "emotionale Vermögenswerte", was bedeutet, dass die emotionale Komponente - und oft auch der Hype, der sich um einen Künstler, ein Werk oder in diesem Fall eine Technologie dreht - bei der Bestimmung des Wertes eines NF-Kunstwerks eine Rolle spielt. Die Menschen neigen dazu, das zu sammeln, worüber sie schon viel gehört haben - etwas Exklusives, Begehrtes und etwas, das sie möglicherweise reich machen kann. Man könnte sagen, dass Kryptokunst und NFTs das Konzept von Eigentum und Besitz in ein völlig neues Feld verschieben. Wir haben über den Erwerb der Werke von Beeple und Grime bei einer Auktion gesprochen. Bei der Kryptokunst entsteht eine beträchtliche Neugierde und potenzieller Ruhm in Bezug auf die Käufer bestimmter Werke, die zum Trend geworden sind. Die Kriterien, die zur Bestimmung des Sammlerwerts traditioneller Werke herangezogen werden, decken die Kryptowelt nicht vollständig ab. Sie entwickeln sich weiter und müssen erst noch entdeckt werden, was bedeutet, dass sie oft auch schwer vorhersehbar sind.

NFT-Kunst kaufen

Der Kauf von Kryptowährungen ist praktisch und technisch recht einfach. Wenn du einmal verstanden hast, wie Kryptowährungen und Wallets funktionieren, musst du nur noch die richtige Wahl treffen. Und für einen Sammler oder Investor ist dies ein entscheidender Schritt. Sobald du die gewünschte Menge an ETH (oder andere Währungen) über Plattformen wie Coinbase erworben hast, musst du deine Wallet mit der Plattform verbinden, auf der du einkaufen möchtest. Die meisten Marktplätze verfügen über einen Aktivitätsbereich, in dem du die Rangliste der Künstler einsehen kannst und so denjenigen auswählen kannst, der deinem Geschmack entspricht. Außerdem kannst du die Künstler im Auge behalten, die am meisten verkaufen und welche Preise für ihre Kunstwerke gezahlt werden. Wenn du einen Künstler entdeckst, der dich inspiriert, kannst du seine Seite und seine Werke ansehen und dann die Werke vom niedrigsten bis zum höchsten Preis filtern und sortieren. Andernfalls kannst du auf der Hauptseite alle Werke innerhalb einer Preisspanne durchsuchen, die nicht unbedingt zu einem einzelnen Künstler gehören. Wenn du das gewünschte Stück gefunden hast, kannst du es entweder sofort kaufen oder ein Angebot über den Betrag machen, welchen du bereit bist auszugeben, und den Künstler entscheiden lassen, ob er dein Angebot annimmt oder nicht. Das gekaufte Stück erscheint in der Wallet in etwa 10 Minuten, nachdem die Transaktion in der Blockchain erstellt wurde.

Auch der Einstieg in das Sammeln ist schnell und einfach. Es ist kein Mittelsmann erforderlich. Wenn du einem Künstler ein Angebot machst und dieser es annimmt, wird dir das Werk zugesprochen. Dieser Prozess ist schnell, in der Regel sekundenschnell, transparent und sicher. Sowohl Primär- als auch Sekundärverkäufe sind vollständig einsehbar und transparent, aber auch völlig anonym, wenn man es wünscht.

Wie verkaufe ich als NFT-Künstler meine Werke?

Beim Verkauf eines NFT geht es nicht nur um den Verkauf eines Bildes, Videos oder GIFs, sondern um den Verkauf eines echten digitalen Vermögenswertes. NFTs werden oft zwischen Marktplätzen gehandelt, so wie Aktien und sichere Anlagen gehandelt werden. Vermutlich steigen viele Menschen in den Markt für non-fungible Token ein, weil sie von durchschlagenden Verkaufszahlen gehört haben und scheinbar leichtes Geld verdienen können. Für einen aufstrebenden Künstler, der Teil der Kryptowelt sein möchte, ist es wichtig zu wissen, wo und wie er sich auf den wichtigsten Marktplätzen positionieren kann, aber vor allem ist es wichtig zu erkennen, dass der Erfolg nicht plötzlich kommt, auch wenn es manchmal so aussieht. Er beruht auf ständigem Lernen, Kreativität, Geduld und Hartnäckigkeit. Beeple zum Beispiel hat Jahre damit verbracht, seine Fähigkeiten zu entwickeln und seine Gemeinschaft aufzubauen. Wenn du ein neugieriger und einfallsreicher Künstler bist, kannst du dich am besten auf diese neue Bewegung vorbereiten. Außerdem muss man sich darüber im Klaren sein, dass es je nach persönlichem Werdegang unterschiedlich lange dauern kann, NFTs zu studieren, zu lernen und damit zu experimentieren, bevor man ernsthaft mit dem Verkauf beginnt und mögliche Gewinne sieht. Wie auch immer, der Schlüssel zum Erfolg ist anzufangen. Es ist wichtig, sich auf die Arbeit zu konzentrieren und weiterhin Kunst zu schaffen. Was den Unterschied ausmachen kann, ist das Ansprechen einer bestimmten Nische, eines engen und profilierten Publikums, und das Schaffen von etwas, das besonders auf die Interessen und Bedürfnisse dieses Zielpublikums zugeschnitten ist. Schaffe und liefere etwas von Wert. Es ist wichtig, nicht nur an das potenziell passive und zuschauende Publikum zu denken, sondern eine aktive Gemeinschaft zu schaffen oder Teil einer solchen zu sein, die interagiert, teilt und diese neue Welt unterstützt. Die größten Krypto-Künstler-Communities finden sich vor allem auf Twitter, Telegram und den führenden speziellen Marktplätzen. Sie sind Orte, an denen du Ideen und Projekte austauschen, für dich werben und neue Verbindungen, Möglichkeiten und inspirierende Kooperationen schaffen kannst. Sobald du diese ersten Schritte in der Kryptowelt gemacht hast, ist es an der Zeit, sich dem Verkauf deiner NFTs zu widmen. Zuallererst ist es ratsam, sich auf den Marktplätzen umzusehen und die Preise der Werke zu vergleichen, um festzustellen, in welchem Bereich du dich positionieren solltest. Dabei solltest du bedenken, dass die Transaktionskosten, egal ob der Käufer oder der Verkäufer sie bezahlt, manchmal höher sein können als der Preis des Tokens selbst. Einige Plattformen sind geschlossen und funktionieren nur auf Einladung. Andere, die offen sind, wie OpenSea, haben Gaskosten, die bezahlt werden müssen, wenn das Werk erstellt wird. Um mit dem Verkauf auf den wichtigsten Plattformen zu beginnen, musst du deine Wallet verbinden um dein NFT zu erstellen. Du kannst ganze Sammlungen erstellen und bei einigen Plattformen einen Prozentsatz der Einnahmen aus Sekundärverkäufen, dass heißt der Lizenzgebühren, festlegen. Es ist jedoch ratsam, diese Kosten nicht zu hoch anzusetzen, denn durch das Hochladen von Werken in diese Galerien kannst du den Wert deiner Kunst allein dadurch steigern, dass sie an einem speziell für diesen Zweck vorgesehenen und vom Publikum als notwendig erachteten Ort zu sehen ist. Darüber hinaus ist die Wahrscheinlichkeit größer, dass die Leute viel Geld für Werke ausgeben, die schon länger auf Krypto-Kunstplattformen zu sehen sind. Eine der besten Techniken, um beim Verkauf von NFTs erfolgreich zu sein, auch wenn es auf der Blockchain keine Vermittler mehr gibt, ist eine gute Community in sozialen Netzwerken. Soziale Netzwerke funktionieren wirklich als Vermittler für die Kryptokunstwelt. Es ist wichtig, ein eigenes Netzwerk von Sammlern aufzubauen, um neue Veröffentlichungen und Verkäufe zu kommunizieren. Es ist nicht immer einfach, Follower zu gewinnen. Es erfordert Hingabe, Übung und Engagement. Engagiere dich und arbeite aktiv mit einer Gemeinschaft von Krypto-Künstlern zusammen. Bleibe authentisch und vermarkte dich selbst. Lerne wie du echte und sinnvolle Verbindungen zu deinem Publikum herstellen kannst, und du wirst die Ergebnisse sehen.

Bei der Kryptokunst gibt es mehrere Plattformen, die Alternativen bieten und es den Künstlern ermöglichen, ihr persönliches Branding im Internet zu nutzen, um ein immer größeres Publikum zu gewinnen. Wenn ein Künstler in der Lage ist, für sich selbst zu werben, wie im Fall von Beeple, kann es für ihn einfacher sein, eine Anhängerschaft zu gewinnen als im traditionellen System. Der Wettbewerb in der Kryptokunst wird in Zukunft zunehmen. Deshalb, fange jetzt an solange die Masse noch nicht im Spiel ist! Die meistgenutzten Kanäle sind mittlerweile Medium oder Twitter, wo du neben Krypto-Künstlern auch einen guten Kreis von Sammlern finden kannst. Eine interessante Alternative sind die Communities auf Telegram oder Discord. Allerdings ist Telegram nach wie vor die führende Plattform, was die Zahl der Krypto-Nutzer angeht. Daher ist es ratsam, auf diesen Plattformen eigene Kanäle einzurichten. Traditionelle Kunst basiert auf ihren eigenen Regeln, aber NFTs sind für ein potenziell breiteres Publikum zugänglich, das dic ganzc Wclt umfasst. Dic Marktplätze für Künstler haben glücklicherweise einen langen Weg zurückgelegt, indem sie die Nutzererfahrung erleichtert und ihr Gesamtdesign verbessert haben. Die Benutzerfreundlichkeit ist für die Käufer von NFTs ein entscheidender Punkt. Die technischen Hilfsmittel sind vorhanden, aber der Künstler muss die Zusammenarbeit mit Influencern und seine Präsenz in den sozialen Medien ausbauen und verbessern - allesamt wertvolle Werkzeuge im Arsenal eines Künstlers, der bekannt werden will.

Die besten Börsen für NFT-Kunst

Jeder Marktplatz hat seine eigene herangehensweise an NFTs, und es kommen ständig neue hinzu. Deshalb muss man sie erstmal entdecken, sich über sie informieren und den besten für seine Kunst und Stil auswählen, bevor man seine eigene "Galerie" eröffnen kann. Die richtige Plattform kann auch dazu beitragen, den Wert und die Popularität der Werke zu steigern.

Opensea.io:

OpenSea wurde 2017 gegründet und unterstützt NFT mit den Standards ERC721 und ERC1155. Es ist der größte NFT-Marktplatz mit über 200 Kategorien und Millionen von Assets. Er bietet eine breite Palette von NFTs, darunter Kunst, virtuelle Welten, Figuren, zensurresistente Domainnamen, Sport und Sammlerstücke. Auch hier kann jeder mitmachen, der möchte, und man kann NFTs von verschiedenen Marktplätzen hinzufügen. Es gibt einen reichhaltigen Blog-Bereich mit den neuesten Nachrichten und Anleitungen für die Erstellung und den Verkauf von NFTs, aber der interessanteste Teil ist der "Aktivitäten-Bereich", in dem man alle aktuellen Angebote und Trends im Auge behalten kann

Mintable.app:

Mintable ermöglicht es NFTs völlig kostenlos zu erstellen, indem es sicherstellt, dass die Gaskosten zum Zeitpunkt des ersten Verkaufs bezahlt werden. Mintable ist eine innovative Plattform, in die Mark Cuban investiert hat und die das Werk des ukrainischen Künstlers Wladimir Baranoff-Rossiné, dessen Werke von seinen Nachkommen verwaltet werden, versteigert hat. Die Auktion umfasste ein abstraktes Gemälde aus dem Jahr 1925, das sich seit seiner Entstehung im Familienbesitz befand und direkt mit einem NFT auf Mintable verknüpft war. Darüber hinaus werden neun digitale Repräsentationen anderer Baranoff-Rossiné-Gemälde, deren Originale selbstverständlich im Besitz der Familie bleiben, in drei Auktionen mit begrenzter Auflage ebenfalls als NFTs verkauft. Dabei handelt es sich um ein physisches Werk, das von der Plattform selbst auf der Blockchain zertifiziert wird. Auf Mintable ist es möglich, nicht mit ETH zu kaufen und zu verkaufen, sondern auch mit Zilliqa (ZIL).

Niftygateway.com:

Seit 2019 ist Nifty Gateway im Besitz des Unternehmens Gemini Exchange, das von den Winklevoss-Zwillingen gegründet wurde, die vor allem für ihre Klage gegen Mark Zuckerberg bekannt sind, in der sie die Eigentumsrechte an Facebook geltend machten. Das Ziel der Plattform ist es, die Welt von NFT für jedermann zugänglich zu machen. Auf Nifty Gateway kann man sogenannte "Nifties" (so nennt die Plattform die NFTs) kaufen, verkaufen, tauschen und ausstellen. Es gibt auch verschiedene Kooperationen zwischen der Plattform und den besten Künstlern weltweit, unter denen der berühmte amerikanische Maler Micheal Kagan hervorsticht, einer der ersten traditionellen Künstler, der sich der Welt der Kryptokunst annäherte. Um eigene Werke zu verkaufen, muss man einen Antrag ausfüllen, eine Präsentation erstellen und auf den Auswahlprozess warten. Nach der Annahme wird jede hochgeladene Kollektion zu einer bestimmten Zeit, einem sogenannten Drop, geöffnet und ist nur für eine begrenzte Zeit verfügbar. Neue Kollektionen werden etwa alle drei Wochen erwartet. Wenn das Angebot einer Kollektion endet oder ausläuft, kannst man nur noch Nifties aus dieser Kollektion auf dem Marktplatz erwerben. Bei Nifty Gateway erhält der Künstler für jedes gekaufte und verkaufte Kunstwerk einen Prozentsatz des Umsatzes. Der Künstler kann auch einen eigenen Satz für Zweitverkäufe festlegen, der z.B. 10 % - 50 % betragen kann. Nifty Gateway nimmt 5% + 30 Cent von jedem Zweitverkauf ein, um die Bearbeitungsgebühren für Kreditkarten und die Kosten für den Betrieb der Plattform zu decken.

Foundation.app:

Die Besonderheit dieses Marktplatzes besteht darin, dass er von der Gemeinschaft kuratiert wird. In der Praxis wählten die Macher nur die ersten 50 Künstler aus, die dann Einladungen an andere aussprachen und die

Gemeinschaft gründeten. Die Einladungen sind vorerst begrenzt. Um Teil der Gemeinschaft zu werden, ist es ratsam, sich mit Mitgliedern anzufreunden, die dich dann einladen können - vielleicht kommst du mit Künstlern oder Sammlern ins Gespräch, die gemeinsame Interessen haben oder deren Werke du bewunderst. Das Teilen ihrer Werke in den sozialen Medien könnte eine gute Möglichkeit sein, Freundschaften zu schließen und eine Beziehung aufzubauen. Am 19. Februar 2021 wurde das berühmte GIF der Nyan Cat bei einer Auktion der Foundation-Plattform für 545.000 Dollar in Ether verkauft.

Makersplace.com:

MakersPlace ist seit 2018 ein aktiver Krypto-Kunstmarkt mit Sitz in den USA. Er gilt als eine hochwertige Galerie. Die lange Liste der NFT- Schöpfer, die auf diesem Markt verkauft werden, umfasst Namen wie Dmitri Cherniak, Dreamonaut, Yura Miron, Silvio Veira, und Frenetik Void, um nur einige zu nennen. Das Hauptaugenmerk von MakersPlace liegt auf exklusiver digitaler Kunst, aber es werden auch weniger exklusive Kunstwerke angeboten. Die NFTs basieren auf der ETH-Blockchain. Um Zugang zu erhalten, muss man sich bewerben und ausgewählt werden. Bei MakersPlace muss man eine Servicegebühr von 15 % entrichten. Mir ist kein anderer NFT-Marktplatz bekannt, der eine höhere Provision als diese verlangt. Es gibt auch 12,50% Provisionen für alle Sekundärverkäufe auf MakersPlace, wovon 2,50% an MakersPlace gehen und 10% an den Ersteller als Lizenzgebühr gehen. Diese Gebühren sind getrennt von den Ethereum-Gas-Gebühren, die das Ethereum-Netzwerk benötigt, um Transaktionen zu verarbeiten. Jede digitale Kreation auf MakersPlace wird vom Ersteller digital signiert und durch die Blockchain permanent aufgezeichnet und verifiziert. MakersPlace bietet und verwaltet eine einzigartige digitale Wallet für jeden NFT-Ersteller.

Portion.io:

Portion ist ein Online-Marktplatz, der Künstler und Sammler durch die Blockchain-Technologie verbindet, um Kunst und Sammlerstücke einfach und transparent zu kaufen, zu verkaufen und in sie zu investieren. Dazu gehört auch die Artist Community, ein globales Netzwerk von dezentralen Künstlern und Kreativen. Hier kann jeder ein Sammler sein. Man kann seine physische und digitale Sammlung an einem Ort kontrollieren, was den Austausch von Kryptowährungen mit Kunst und Sammlerstücken vereinfacht. Portion-Token sind ERC-20-Token auf der Ethereum-Blockchain, und Mitglieder können damit die Zukunft der Plattform dezentral steuern und darüber abstimmen.

Rarible.com:

Rarible ist eine Plattform, die für jeden geeignet ist, auch für Anfänger, und sie ist offen, was bedeutet, dass man nicht ausgewählt werden muss, um NFTs auf Rarible zu erstellen. Sekundärverkäufe finden auf dem Marktplatz von Rarible statt, es gibt Optionen für Lizenzgebühren, und sowohl einzelne Artikel als auch ganze Sammlungen können in Paketen verkauft werden. Rarible ist ein gemeinschaftlich betriebener NFT-Marktplatz. Seine "Besitzer" halten den RARI ERC-20 Token. Rarible vergibt den RARI-Token an aktive Nutzer der Plattform, die auf dem NFT-Marktplatz kaufen oder verkaufen. NFT-Schöpfer können Rarible nutzen, um neue NFTs zu erstellen, um ihre Kunstwerke zu verkaufen, darunter Bücher, Musikalben, digitale Kunst oder Filme. NFT-Ersteller können auch eine Vorschau ihrer Kreation zeigen, aber das gesamte Projekt nur dem Käufer zugänglich machen. Rarible kauft und verkauft NFTs in Kategorien wie Kunst, Musik, Domains, Fotografie, Spiele, Metaverse Memes und mehr.

Superrare.co:

Wie bei anderen Marktplätzen muss man einen Auswahlprozess durchlaufen, um seine NFTs auf SuperRare einzustellen. SuperRare konzentriert sich darauf, ein Marktplatz zu sein, auf dem Menschen einzigartige, digitale Kunstwerke in Einzelauflagen kaufen und verkaufen. Das Team muss sicherstellen, dass die Werke Originale sind, von echten Künstlern geschaffen wurden und vor allem einzigartig sind. Auf SuperRare kann man, wie erwartet, nur Einzelstücke und keine Serien verkaufen, und die Käufer haben über MetaMask freien Zugang zur Plattform. Hier kann man nur mit Ethereum bezahlen. Die Plattform behält 15% der Verkäufe auf dem Primärmarkt und 10% auf dem Sekundärmarkt für die Künstler ein. SuperRare wurde auch von der berühmten amerikanischen Publikation Time Magazine als Plattform ausgewählt, die mit Hilfe des bekannten Unternehmers, Investors und Influencers Anthony Pompliano drei digitale Cover versteigert hat.

Mit NFT-Kunst Geld verdienen

In der Vergangenheit haben Privatsammler, Auktionshäuser, Milliardäre und Investoren aus der ganzen Welt die Preise und den Wert von Werken auf dem Markt bestimmt, dieselben Interessen werden den NFT-Marktplatz noch sehr lange lebendig, aktiv und profitabel halten. Kryptografische digitale Kunstwerke verfügen über immenses Potenzial und werden unweigerlich die Welt erobern. Derzeit werden nach und nach Lösungen für Fragen der Aufbewahrung, Haftung und Versicherung gefunden. Wenn neue Fälle auftauchen, werden Verbesserungen geschaffen. Dieser lebendige Markt bleibt nicht stehen, sondern verbessert sich mit der Zeit, um mehr und mehr Respekt, Glaubwürdigkeit und Anerkennung zu gewinnen, vor allem in der breiten Öffentlichkeit. Bald wird das Sammeln digitaler Kunst zum Standard werden. Und während die traditionellen Galerien Gefahr laufen, ins Hintertreffen zu geraten, bietet sich eine einmalige Gelegenheit, in einen aufstrebenden, sicheren, jungen und dynamischen Markt zu investieren, der exponentiell an Wert gewinnt. Der Zeitpunkt für Investitionen ist optimal. Tokenisierte Kunst ist topaktuell, zugänglich und geht mit der digitalen Zeit. Eine Investition zum jetzigen Zeitpunkt ist aus mehreren Gründen rentabel. Es ist der Token selbst, der Wert schafft. Durch die Schaffung von Knappheit für ein Werk, das potenziell für alle zugänglich ist, ist es das Kunstwerk selbst, das durch die Zirkulation einen Wert für den Käufer erzeugt. Zudem, der Gesamtumsatz von NFT in einem einzigen Monat im Jahr 2020 betrug 250.000 Dollar. Heute sind es innerhalb eines Monats schon weit mehr als 100 Millionen Dollar, und die Tendenz ist weiter steigend. Die Gewinne werden enorm sein und weiter steigen, denn NFTs sind kein vorübergehender Trend, sondern eine neue Art und Weise, wie die moderne Generation Kunst versteht, begreift und sammelt. Wenn man die Künstler kennt und ihnen in den sozialen Netzwerken folgt, kann man ihre Identität überprüfen und Popularität erlangen. Man kann die Künstler, die einen am meisten interessieren, nach persönlichen Parametern auswählen oder sich für diejenigen entscheiden, die die Regeln brechen und einen Kanon neu definieren, oder für diejenigen, die etwas zu sagen und eine Geschichte zu erzählen haben. Wenn man immer noch Zweifel hat, in Kryptokunst zu investieren, sollten man bedenken, dass der Kunstmarkt schon immer widerstandsfähig war und bewiesen hat, dass er in der Lage ist, sich zu erneuern und jedem Zusammenbruch zu widerstehen. Wenn man heute mit dem Sammeln beginnt, klug investiert, ist es kaum vorstellbar in welche Höhen man hier katapultiert werden kann. Es ist wie mit den Anfängen der Kryptowährungen ansich und für jeden Investor der damals nicht dabei war, eine zweite Chance.

Doch wo Licht ist, ist auch Schatten und wo Renditen sind gibt es auch Risiken.

Es ist nicht möglich, eine Welt in ihrer ganzen Tiefe zu verstehen, ohne sie mit ihren potenziellen Risiken in Verbindung zu bringen. Ein NFT-Risiko ist die Preisfluktuation aufgrund der Anzahl der Personen, die das Blockchain-Netzwerk nutzen. Jedes Mal, wenn man ein Kunstwerk tokenisiert, erstellt man einen neuen Block, der der Kette hinzugefügt wird. Hierfür wird eine Rechenleistung verwendet, die durch einen Gaspreis bezahlt wird. Mehr Transaktionen erhöhen gleichzeitig den Preis für diese Gebühr, und die Erstellung und der Verkauf des Werks erhöhen dann ihren Wert. Auch die Schwankungen des Wertes von Ethereum sollten berücksichtigt werden. Nicht alle Künstler können es sich leisten, eine hohe Gasgebühr zu zahlen, was sie daran hindert, ihre Kunst zum Ausdruck zu bringen. Darüber hinaus behalten die Plattformen eine Provision auf ihre Verkäufe ein, obwohl dies kein wirkliches Risiko darstellt, da die Plattformen immer noch eine geringere Provision verlangen als eine normale Kunstgalerie.

NFTs haben sich sofort, schnell und wettbewerbsfähig durchgesetzt. Einerseits haben sie eine plötzliche Erneuerung der zeitgenössischen Kunst ermöglicht und die Aussichten für die digitale Kunst verbessert. Andererseits haben sie zu vielen Überlegungen über kritische Fragen geführt, die noch nicht vollständig geklärt sind. Bislang ist der konsolidierte Markt nicht besonders klar, so dass es nicht einfach ist, zu verstehen, wie man ein professioneller Künstler oder Sammler von NFTs wird. Der Krypto-Kunstmarkt muss in der Zwischenzeit interne Regelungen entwickeln, da diese Welt weiter wächst. Aber das Wachstum ist unmäßig und schnell genug, um Zweifel und Fragen aufzuwerfen.

Es werden ständig neue Projekte ins Leben gerufen, die an der Basis ansetzen, wie z. B. Fractional, das es NFT-Eigentümern ermöglicht, Bruchteilseigentum an ihren Werken zu vergeben. Fractional ermöglicht es den Eigentümern, einen Teil des Geldes, das mit ihrem Vermögenswert verbunden ist, zu erhalten, ohne das Werk zu verkaufen. Es handelt sich um ein dezentrales Protokoll, das es Künstlern und Investoren ermöglicht, die Marktfähigkeit des Produkts zu verstehen. Der Verkauf eines Bruchteils eines Werks zu einem bestimmten Preis hilft einem beispielsweise zu verstehen, wie der Markt das Werk insgesamt bewertet. Fractional funktioniert über NFT Vault, eine Art Depot, das die Rolle des Verwahrers des Objekts übernimmt und es ermöglicht, Fractional zu sein, woraufhin der Künstler sein Fractional-Token versteigern, verschenken oder verkaufen kann. Auf diese Weise wird der ERC721 in einen ERC20 und dann in einen fungible Token umgewandelt, der gehandelt werden kann und Liquidität generiert. Fractional Artwork löst das Liquiditätsproblem von NFTs. Diese Art von Innovation ist experimentell und fördert die Einführung von Implementierungen, die für die Begrenzung der Risiken und die Erleichterung und Sicherheit des gesamten Prozesses unerlässlich sind.

Was ist das maximale was man momentan mit NFT-Kunst verdienen kann?

Es gibt mittlerweile einige Erfolgsgeschichten im NFT-Kunstmarkt, lass mich dir einige davon erzählen. Möglicherweise inspirieren sie dich genauso wie mich, zusammen werden wir Teil dieses neuen aufstrebenden Marktes sein und können stolz sein, so früh dabei gewesen zu sein!

Ein unglaublicher Fall von Erfolg für Investoren war der Einstieg von Bansky in den NFT-Markt. Der Künstler, der in der ganzen Welt für seine provokative Art bekannt ist, stand im Mittelpunkt einer echten Marktoperation von unglaublichem Wert. Eines seiner Werke, "Morons" (Weiß), wurde von der New Yorker Galerie Taglialatela für 96.000 Dollar an das dezentrale Blockchain-Unternehmen Injective Protocol verkauft. Mit einer sorgfältigen Marketingkampagne hat das Unternehmen das Werk auf OpenSea tokenisiert und dann die physische Leinwand verbrannt, indem es ein Live-Video auf dem Twitter-Account Burnt Bansky veröffentlichte. Auf diese Weise wurde das einzige Originalwerk, das die gleichen Spezifikationen aufwies und daher als authentische Bansky-Zeichnung anerkannt wurde, zum Werk in der Blockchain. Injective Protocol konnte es für das Vierfache seines ursprünglichen

Kaufpreises verkaufen. Das ist ein wirklich unglaublicher Marketingerfolg, der viel öffentliches Aufsehen erregt hat.

José Delbo, geboren 1933, ist einer der renommiertesten Comiczeichner der Welt, Besitzer einiger der berühmtesten Zeichnungen und bei Comicsammlern sehr begehrt. Als er zusammen mit dem Krypto-Künstler Trevor Jones auf den NFT-Markt kam, spielte das Internet verrückt. Eine Ölversion einer der getuschten Zeichnungen des dunklen Ritters, Batman, wurde tokenisiert und auf MakersPlace für ca. 500.000 Dollar zum Verkauf angeboten. Der glückliche Investor wird nicht nur ein außergewöhnliches Sammlerstück von NFT besitzen, sondern auch das erste offizielle digitale Kunstwerk von DC Comics. Das bedeutet, dass er der absolute Besitzer des Werks sein wird, das den Eintritt von DC Comics in die Welt der Kryptokunst markiert, ein Rekord, der den Wert dieser Investition im Laufe der Zeit noch weiter steigern wird.

Die kanadische Sängerin Grimes, die auch als Lebensgefährtin von Elon Musk, einem der reichsten Männer der Welt, bekannt ist, betrat die Welt der NFT mit einem Projekt namens "WarNymph Collection 1", das für 5,8 Millionen Dollar verkauft wurde und bereits als eines der begehrtesten Sammlerstücke der Welt gilt. Zusammen mit ihrem Bruder kombinierte die Künstlerin visuelle Konzepte mit tätowierten Cherubinen und Engeln mit Stücken ihrer Originalmusik und verkaufte alle

10 ihrer NFT-Werke in weniger als 20 Minuten auf Nifty Gateway. Passenderweise zeigten einige der NFT-Reproduktionen Putten und Engel, die den Mars beschützen, den Planeten, den Elon Musk in einigen Jahren mit SpaceX erreichen will. Diejenigen, die diese Werke kauften, taten dies mit der Aussicht, dass ihr Wert exponentiell steigen würde. WarNymph ist der virtuelle Avatar von Grimes, mit dem sie ihr neues Album bewirbt, und WarNymph Collection 1 ist Teil dieser fantastischen Werbekampagne. Sobald das Album erscheint, werden diejenigen, die die Token gekauft haben, ein noch begehrenswerteres Objekt in den Händen halten. Und wenn SpaceX sein Ziel erreicht, kann man davon ausgehen, dass der Wert in die Höhe schießen wird. Es ist eine spannende kurz- aber auch langfristige Investition.

Die New York Times verkauft einen Artikel als NFT. Der Artikel mit dem Titel *"Kaufe diese Kolumne über Blockchain"* wurde von dem Journalisten Kevin Roose geschrieben. Der Artikel wurde auf Foundation für 563.000 Dollar verkauft, aber er war erst am Tag zuvor in der Zeitung und im Internet veröffentlicht worden. Der Käufer wurde zum Besitzer eines Stücks Geschichte, das nie vergehen wird: der erste Artikel, der jemals als NFT verkauft wurde. Außerdem wurde das Geld an den Fonds für die bedürftigsten Fälle gespendet.

Vielleicht kennst du das Meme "Pepe der Frosch" (Pepe the frog)? Das ursprüngliche Meme wurde vom Künstler Matt Furie geschaffen. Vor kurzem wurde eine

Abwandlung des Memes als NFT für sage und schreibe 320.000 US-Dollar verkauft. Um das zu verstehen, muss man wissen, dass dieses Meme viele andere inspiriert hat und anderem das sehr erfolgreiche Homer Pepe, ein Sammlerstück, das Homer Simpson in der Gestalt von Pepe dem Frosch zeigt. Genau dieses NFT wurde zunächst für einen Preis von 38.500 Dollar verkauft. Als der Besitzer, Peter Kell, beschloss, es wieder zu verkaufen, tat er dies für fast das Zehnfache des ursprünglichen Kaufwertes.

Der amerikanische Künstler Beeple erzielte in Zusammenarbeit mit dem Auktionshaus Christie's mit dem Werk "Everydays" einen Gesamterlös von 69 Millionen Dollar für sein Werk. Der Erlös machte ihn zum drittteuersten lebenden Künstler der Welt, steigerte den Wert aller seiner anderen Werke und sicherte ihm einen Platz im Olymp der Krypto-Künstler. Das Rennen um den Zuschlag war eng, und Justin Sun, ein digitaler Unternehmer, verpasste den Sieg nur knapp. Sein Gegenangebot in Höhe von 70 Millionen Dollar kam nämlich kurz vor Ende der Auktion. Beeple zeigt, wie die geschäftstüchtigsten Sammler und die berühmtesten Auktionshäuser massiv in NFTs investieren. Außerdem zeigt er, wie sich diese Kunstwerke nur wenige Jahre nach ihrer Entstehung zu einem florierenden und kreativen Markt von großer Bedeutung entwickelt haben.

Jack Dorsey, der geniale und milliardenschwere Erfinder von Twitter, verkaufte seinen ersten Tweet für fast 3 Millionen Dollar. Ein malaysischer Unternehmer, Sina Estavi, CEO von Bridge Oracle, kaufte die erste Nachricht, die jemals in einem der berühmtesten sozialen Netzwerke der Welt veröffentlicht wurde, um das Interesse des Marktes für NFTs zu demonstrieren. Einige haben diesen Verkauf mit dem Kauf eines berühmten Autogramms verglichen. Jack Dorseys Wette hat sogar ein noch besseres Happy End, da die gesamte Summe des Verkaufs für wohltätige Zwecke gespendet wurde.

Die erfolgreichsten NFT-Künstler bislang

Beeple:

Der Amerikaner Mike Winkelmann ist besser bekannt als Beeple, ein Name, der so berühmt ist, dass er praktisch zum Synonym für Erfolg geworden ist. Seine Geschichte ist eine Geschichte der Leidenschaft und einer langen Ausbildung. Im Jahr 2007 beschloss Beeple, dass er keinen Tag vergehen lassen würde, ohne ein Kunstwerk zu schaffen. Er begann damit, seinen Onkel Jim zu zeichnen. Fünftausend Tage später, was mehr als 13,5 Jahren entspricht, wurde er zum Schöpfer des dritthöchsten Preises für ein zu Lebzeiten verkauftes Kunstwerk in der gesamten Kunstgeschichte, nach Jeff Koons' Rabbit und Portrait of an Artist. Everydays: The First 5000 Days heißt das betreffende Werk. Es handelt sich um eine Collage aus 21.069 x 21.069 Pixeln, die alle Werke enthält, die Beeple in diesen ersten 5000 Tagen geschaffen hat. Es gibt also eine klar definierte Geschichte hinter der Geburt dieses außergewöhnlichen Künstlers, der es geschafft hat, sich selbst und seine Hingabe zu seinem Handwerk effektiv zu repräsentieren. Mehr informationen findest du auf www.beeple-crap.com.

Chris Torres:

Wer sich mit Memes auskennt und sie mit NFTs in Verbindung bringt, denkt unweigerlich an Chris Torres, den Schöpfer des GIFs "Nyan the Cat", ein Meme, das für über 600.000 Dollar verkauft wurde. Dieser Krypto-Künstler aus Dallas, Texas, schuf das GIF im Jahr 2011, und es explodierte sofort was das Teilen und die Popularität anging. "Nyan the Cat" ist in der Tat ein Netzphänomen von globalem Ausmaß. PRguitarman, das Pseudonym von Chris, ist das leuchtendste Beispiel für eine neue Realität, die ein einzigartiges Konzept digitaler Kunst vorantreibt, das alte Konzepte zugunsten einer fließenden, digitalen und hypervernetzten Welt auslöscht.

Blake Kathryn:

Blake Kathryn ist eine bildende Künstlerin aus Los Angeles, die mit den wichtigsten Ketten der Welt zusammenarbeitet, von Fendi und Facebook bis hin zu Adidas, Adobe, Warner Bros, Columbia Records und vielen anderen. Ihr künstlerisches Konzept ist so untypisch und speziell, dass sie zu den interessantesten und einflussreichsten Künstlern im Bereich der NFT zählt. Ihre Venusfiguren, Königinnen, die die Winde und Jahreszeiten beherrschen, wurden auf Nifty Gateway für über 1.500 Dollar pro Stück verkauft. Die berühmte Unternehmerin und Erbin Paris Hilton hat in Zusammenarbeit mit Blake "Planet Paris" auf den Markt gebracht, ihre erste NFT-Kollektion, die aus drei Stücken besteht, die auf der Nifty Gateway-Plattform bereits ausverkauft sind.

Trevor Jones:

Trevor Jones ist ein schottischer Künstler, der unter den digitalen Künstlern, die ihre Werke mit der Blockchain verknüpft haben, eine herausragende Stellung einnehmen konnte. Er erstellt digitale Zeichnungen, die von den großen Werken vergangener Künstler inspiriert sind, und animiert sie dann. Sein Picasso's Bull wurde für 55.555,55 $ verkauft, der größte Verkauf von Nifty Gateway seit der Gründung der Plattform. Der Künstler ist so berühmt, dass DC Comics ihn auswählte, um mit dem Comiczeichner José Delbo zusammenzuarbeiten und den Einstieg des Verlags in die Welt der NFTs mit Kryptokunst zu Batman zu leiten. Mehr Informationen findest du auf www.trevorjonesart.com/nfts

Xcopy:

Xcopys unverwechselbare und faszinierende Sammlungen sind auf SuperRare und Nifty Gateway zu finden. Er steht in engem Kontakt mit der gesamten Gemeinschaft, die sich für NFTs interessiert, und übermittelt oft positive Botschaften und Botschaften zum persönlichen Wachstum. Xcopy ist für viele ein echter Mentor geworden. Seine digitale Kunst erforscht Dystopie, Tod und Apathie durch verzerrte Bilder, die in einer Schleife reproduziert werden, und hat damit außerordentlichen Erfolg. Mehr Informationen findest du auf www.xcopyart.com/portfolio/tagged/nft

Dotpigeon:

Dotpigeon, ein 33-Jähriger aus Mailand, ist unter den Krypto-Künstlern berüchtigt. Als seine Werke auf Nifty Gateway versteigert wurden, waren sie fast augenblicklich ausverkauft und brachten ihm über 1 Million Euro ein. Seine Geschichte ist eine hervorragende Erfolgsgeschichte. Er arbeitetete für eine webbasierte Werbeagentur, während er versuchte, den Durchbruch als digitaler Künstler zu schaffen. Jetzt ist seine Kunst weltweit anerkannt, und er hat beschlossen, sich ausschließlich ihr zu widmen. Dieser Künstler, der als Rebellion gegen die sozialen Masken des bürgerlichen Kapitalismus eine schwarze Sturmhaube trägt, ist faszinierend, weil es ihm gelungen ist, seine Fähigkeiten als Künstler mit einer brillanten persönlichen Werbung zu verbinden. So sprach er auf Discord über sich selbst, präsentierte sich in der Mailänder Kunstgalerie Plan X und schlug vor, ihn in die Instagram-Seite Larry's List aufzunehmen, auf der die momentan interessantesten Künstler vorgestellt werden. Mehr Informationen findest du auf www.dotpigeon.com.

Josh Pierce:

Josh Pierce ist ein digitaler Künstler, der für seine 3D-NFTs bekannt ist. Mit über 100.000 Followern auf Instagram ist er seit seinem ersten Auftritt auf Nifty Gateway zu einem Protagonisten der Weltöffentlichkeit geworden. Er bezeichnet sich selbst als visuellen Künstler und Motion Graphics Art Director. Er konzentriert sich auf Themen, die Surrealismus und Naturalismus miteinander verbinden, und versucht, Ehrfurcht und spirituelle Ruhe zu erzeugen, indem er die Präsenz der Spiritualität in jedem gegenwärtigen Moment zum Ausdruck bringt. Sein Können ist das Ergebnis einer langen Ausbildung. Er ist nicht nur ein NFT-Künstler, sondern hat auch mit der NFL, Adobe und mehreren Grammy-Preisträgern zusammengearbeitet. Mehr Informationen findest du auf www.joshpierce.net/

Kevin Abosh:

Der visionäre irische Künstler Kevin Abosh ist mit dem IAMA Coins-Projekt verbunden und ist einer der inspirierendsten und kontroversesten digitalen Künstler. Seine Hinwendung zur Kryptokunst erfolgte 2016, als er ein Kunstwerk, das eine Kartoffel darstellte, für 1 Million Euro verkaufte und von dem Gefühl überwältigt wurde, sich selbst zur Ware gemacht zu haben. Daraufhin beschloss er, dagegen zu rebellieren, indem er sich buchstäblich selbst verkaufte. Das Projekt IAMA Coins verbindet 10.000.000 NFT-Werke, die durch alphanumerische Codes mit 100 physischen Werken verbunden sind. Das Besondere an der ganzen Sache ist, dass diese echten Werke aus seinem eigenen Blut hergestellt wurden. Er hat sich buchstäblich selbst gebrandmarkt und verkauft. Unglaublich aktiv und immer am Puls der Zeit, hat er Kollaborationen mit anderen Künstlern ins Leben gerufen, Hashtags der Industrie inspiriert und vieles mehr. Mehr Informationen findest du auf www.kevinabosch.com.

Giovanni Motta:

Der in Verona geborene 50-Jährige Giovanni Motta verbindet in seinen Werken Vergangenheit und Zukunft, sein Lieblingsprotagonist ist Jonny Boy, die Darstellung seines kindlichen Ichs in der digitalen Welt der NFT-Kunst. Nachdem er sein ganzes Leben der Perfektionierung seiner Kunst gewidmet hat, ist Giovanni Motta einer der bekanntesten Künstler auf SuperRare. Er gilt als einer der bekanntesten Namen in der Krypto-Kunst. Seine Zeichnungen, die zum Teil von der orientalischen Kultur und Manga inspiriert sind, erforschen die innere Welt der Erwachsenen, die versuchen, den grundlegenden Teil ihres Ichs zu bewahren, der mit der Kindheit verbunden ist. Mehr Informationen findest du auf www.giovannimotta.it.

Hackatao:

Die künstlerischen Köpfe hinter diesem Projekt sind Sergio Scalet und Nadia Squarci. Als echte Pioniere der Kryptokunst in Italien und auf der ganzen Welt sind sie Teil des schlagenden Herzens der digitalen Börse. Sie begannen damit, traditionellen Sammlern eine ansprechende und anregende Erfahrung zu bieten und sie auf den Markt für Kryptokunst zu lenken. Im Vergleich zu den konventionellen Medien haben sie mit der Kryptokunst mit einer schnelleren Ausdrucksform experimentiert. Hackatao prangert die Widersprüche der heutigen Welt an, und ihre Kunst hat einen optimistischen Ausblick, der weit offen ist für die digitale Zukunft, in der sie das Recht einfordern, sich ohne Zensur oder falsche Idole auszudrücken. Mehr Informationen findest du auf www.podmork.com/blogmork.

Pak:

Pak ist einer der berühmtesten und bekanntesten digitalen Künstler weltweit, obwohl er völlig anonym bleibt. In der Tat weiß niemand, ob Pak ein einzelner Künstler oder ein Kollektiv ist. Bekannt ist nur, dass Pak der Gründer und leitende Designer des Studios Undream und der Schöpfer von Archillect ist, einer künstlichen Intelligenz, die dazu dient, anregende visuelle Inhalte in verschiedenen sozialen Medien zu entdecken und zu teilen. Archillect ist eine echte digitale Revolution, da es als digitaler Kurator konfiguriert ist, der dank spezifischer Schlüsselwörter völlig autonom und ohne externe menschliche Vermittlung nach Bildern mit minimalen und ästhetisch kalten Tönen suchen kann. Das Auktionshaus Sotheby's hat sich bei seinem Einstieg in die digitale Welt für eine Zusammenarbeit mit Pak entschieden. Pak ist gewiss kein Neuling, denn er ist seit über 20 Jahren in der Welt der digitalen Kunst präsent. Er ist ein überzeugendes Beispiel dafür, dass man nicht nur lernen muss, seine Geschichte auf originelle Weise zu erzählen, sondern auch geduldig sein muss, um sein Handwerk über den richtigen Zeitraum zu entwickeln, bevor man Aufmerksamkeit erregt. Zu Paks Bewunderern gehört auch Elon Musk, der CEO von Tesla und SpaceX.

Die NFT-Immobilienwelt einfach erklärt

NFTs sind in der Immobilienwelt bereits heute angekommen. Die zeitgenössischen Künstlerin Krista Kim baute eine virtuelle Immobilie, genannt "Mars House", diese wurde nun für 500.000 Dollar verkauft. Das Design des Mars Houses besteht aus abgerundeten Linien und Kanten und ist mit edlen Glasmöbeln ausgestattet. Kim arbeitete mit dem Musiker Jeff Schroeder von den Smashing Pumpkins zusammen, der den Ambient-Soundtrack für die virtuelle Immobilie komponierte. Der Besitzer dieses virtuellen Hauses erhält die einzigartige Datei des Projekts, die in dreidimensionale Welten wie Decentraland hochgeladen werden kann, um dort die erweiterte Realität zu erleben.

Digitales Eigentum kann innerhalb von Minuten verkauft werden, ohne dass ein Makler benötigt wird. Die Registrierung ist in sich abgeschlossen. Die Immobilie muss nicht gewartet werden. Dank der Smart Contracts, die die Transaktionen regeln, liefert jeder NFT zudem eine einzigartige und nicht fälschbare Signatur. Die Eigentümer können dann die Herkunft nachweisen, was diese Art des Kaufs zu einer rentablen und realistischen Investition macht.

Eine Künstlerin wie Kim glaubt, dass der NFT-Immobilienmarkt dem realen Markt ähneln kann. Auch die

Möbel des Hauses können von ausgewählten italienischen Glasmöbelherstellern in der Realität nachgebaut werden. Die Immobilienbranche ist bekannt dafür, dass sie neue Technologien nur langsam annimmt. Immobilien eignen sich jedoch aufgrund ihrer Beschaffenheit ideal für Blockchain-Anwendungen. Sie sind unbeweglich und für Dritte mit Blockchain-basierten Ansprüchen, z. B. als Sicherheiten, leicht verfügbar. Die Welt der digitalen Vermögenswerte breitet sich aus, und wir fangen gerade erst an zu sehen, wie jeder Teil des täglichen Lebens und der Geschäftsaktivitäten in ein computerlesbares Format umgewandelt wird. Geld ist bereits digital, man denke nur daran, dass nur acht Prozent der weltweiten Währung in Form von Bargeld existiert. Durch die Blockchain werden Börsen, Transaktionen und Verkäufe immer weniger Probleme haben. Durch den Einsatz dieser digitalisierten Plattformen werden die Hauptakteure eine höhere Geschwindigkeit und niedrigere Transaktionskosten sowie eine Zunahme der verfügbaren Daten feststellen. Transaktions-Transparenz und der Schutz der Privatsphäre sind unerlässlich, wenn es darum geht, ein gesundes Umfeld für Käufer, Verkäufer und Immobilienmakler zu schaffen.

Viele Gegenstände aus der Realität gibt es mittlerweile auch in NFT-Versionen, von NBA-Videos bis hin zu Krypto-Kunstwerken, Nike-Schuhen und Krypto-Katzen usw. Immobilien sind die nächsten Kandidaten. Virtuelle Immobilien stellen die neueste Grenze eines bereits neuen Marktes dar, und Immobilieninvestoren aus der ganzen Welt werden sich die Gelegenheit nicht entgehen lassen, zu den Pionieren dieses neuen Gebietes zu gehören. Wo immer man sich in der realen Welt befinden, könnte man sich in die virtuelle "parallel Welt" einloggen, die auf der Blockchain basiert. Außerdem könnte man auf diese virtuelle Welt über einen Avatar zugreifen, die ganze Grundstücke bewohnen, kaufen und weiterverkaufen können. Dabei geht es nicht nur um Spiele, virtuelle Welten wie Decentraland und Cryptovoxels erfreuen sich immer größerer Beliebtheit. Im Februar 2021 wurde ein Grundstück auf Axie Infinity für 1.500.000 Millionen US-Dollar verkauft, bevor der Gesamtumsatz an virtuellem Land mit über 6 Millionen Dollar seinen Höhepunkt erreichte. Dies ist eine historische Zeit und eine Zeit voller aufregender Möglichkeiten für Grundstücke. Diese Metaversen sind sicher, und die Smart Contracts, die Transaktionen auf der Blockchain abwickeln, zeichnen jede Bewegung oder Immobilie auf und regeln sie. Viele Menschen kaufen virtuelle Häuser, um ihre Kryptokunst NFTs zu präsentieren. Sie sind im Grunde Kunstinkubatoren, die virtuelle Galerien beherbergen, in denen sie andere Avatare die von ihnen gekauften Objekte bewundern lassen können. Die digitalen Ressourcen, die in Metaversen wie Decentraland zu finden sind, sind Teil einer neuen Art von kreativer Wirtschaft, deren Struktur die von Videospielen wie Minecraft und Animal Crossing widerspiegelt, mit dem Unterschied, dass in The Sandbox und Decentraland die Nutzer tatsächlich das Land besitzen können, auf dem sie bauen.

Die traditionellen Praktiken wurden auf den Kopf gestellt. Der Nutzer kann sich Dinge leisten, die in der Realität nicht möglich wären, wie z.B. die Interaktion mit Kunstwerken. Virtuelle Ländereien versprechen, die künstlerische Erfahrung zu verändern und zu demokratisieren, ebenso wie die reale Erfahrung. Jeder kann ein Metaversum betreten, realen Besitz darin erwerben und die Mieten für diesen Besitz genießen. Es ist eine ganz neue Welt, in der man sich beteiligen, Kontakte knüpfen, investieren und Geld verdienen kann. Im folgenden stelle ich dir ein paar Projekte vor, die schon jetzt laufen und das sehr erfolgreich!

Mars-Haus

Das von Krista Kim entworfen digitale Mars-Haus wurde exklusiv auf SuperRare für 288 Ether verkauft. Ist die Zukunft des Immobilienmarktes wirklich da? Sagen wir einfach, es ist eine aufregende und profitable Gelegenheit für die Branche. Krista Kim sagte dazu:

"*Als Techism-Künstlerin - eine Bewegung, die technologische Innovation mit kreativer Inspiration versöhnt - fordere ich die Macht der NFT als künstlerisches Medium heraus. Das Mars House wird für immer als NFT leben.*"

Das Haus, das über die traditionelle architektonische Gestaltung hinausgeht und den kanonischen Ansatz eines Kunstwerks beinhaltet, ist ein Konzept, das aus einer Idee geboren wurde, die während der Pandemie aufkam. Der Raum kennt keine Grenzen. Wie eine virtuelle Leinwand ist er ein leerer Raum, der gefüllt und überbrückt werden kann. Ein kleines Stück Geschichte auf dem Immobilienmarkt: Das Mars House ist das erste Haus, das auf diese Weise verkauft wurde. Wie bereits erwähnt, werden digitale Inhalte, die als NFT verkauft werden, nicht nur für ihren Besitzer sichtbar, sondern bleiben im Internet verfügbar. Um das Mars House zu entdecken, muss man es also nur auf Vimeo finden. Dort findet man einen fast dreieinhalbminütigen Clip mit einer starken digitalen Zen-Atmosphäre, der das Ergebnis der Zusammenarbeit von Kim mit Jeff Shroeder, dem Gitarristen der Smashing Pumpkins und Schöpfer der musikalischen Basis, ist. Die Kunst im Internet bietet aber auch die Möglichkeit, das Konzept eines Metaversums, einer immersiven 3D-Welt, durch virtuelle Realität zu erleben. Die Wohnung befindet sich in den Höhen des Mars und ist so futuristisch, wie man es sich nur vorstellen kann. Wenn man sie theoretisch auf die reale Welt übertragen würde, wäre es eine Herausforderung (wenn nicht gar unmöglich) sie zu realisieren. Was einem in erster Linie auffällt, ist das Fehlen von tragenden Wänden, die das Dach halten - ein ungewöhnlicher, aber notwendiger Verzicht angesichts des Wunsches der Künstlerin, "*eine meditative Umgebung auf unserem Bildschirm zu schaffen, wie einen digitalen*

Zen-Garten". Daher ist es leicht zu verstehen, dass es anstelle von - inneren und äußeren - Wänden nur durchgehende und transparente Glasfenster gibt. Kurz gesagt, der Raum scheint keine Grenzen zu kennen und fördert so die Bewusstseinserweiterung derjenigen, die ihn bewohnen.

Eine weitere Besonderheit ist das Vorhandensein von nur zwei Räumen im Inneren des Hauses: ein geräumiger Wohnbereich mit einem riesigen geschwungenen Sofa und einem großen Esstisch, der aus dem Raum herausragt, und ein Schlafzimmer mit einem Doppelbett. Es gibt weder ein Bad noch eine Küche. Auch die Möbel, modern und essentiell, scheinen aus Glas zu sein.

"*Sie können sowohl in der Realität von italienischen Glasmöbelhandwerkern hergestellt werden, als auch durch die Technologie der MicroLED-Bildschirme visualisiert werden.*"

Aber auch für eine Ecke, die der digitalen Kunst gewidmet ist, könnte es genügend Platz geben:

"*Jeder sollte in seinem Haus eine LED-Wand für NFT-Kunst installieren. Das ist die Zukunft, und das Mars House zeigt die Schönheit dieser Möglichkeit*", sagte Kim.

Im Außenbereich findet man einen fantastischen Infinity-Pool mit Sonnenliegen und Sofas, auf denen man seinen digitalen Drink am Wasser genießen kann. Um jedoch den Pool nutzen zu können, muss man schon Wim Hofs Vater sein, denn die Temperaturen auf dem Planeten reichen von -140°C im Winter bis zu

-14°C im Sommer. Schön ist jedoch die Möglichkeit, den gesamten Bereich durch die in der Wohnung befindlichen Lampen in verschiedenen Farben beleuchten zu können.

Über den künstlerischen Wert hinaus ist es wichtig, den solidarischen Zweck der Initiative hervorzuheben. Kim und Schroeder haben beschlossen, den größten Teil des Erlöses aus dem Verkauf des Mars House ihrer Continuum Foundation zukommen zu lassen. Diese Organisation wird eine Welttournee von Klang- und Lichtkunstinstallationen zur Heilung und Verbesserung des psychischen Wohlbefindens unterstützen.

"*Wir wollen künftige Generationen daran erinnern, dass wir hier sind, um eine neue und bessere Welt zu schaffen*", so die beiden.

Upland

Vielleicht hat dir Facebook oder Instagram in letzter Zeit Werbung für ein Spiel eingeblendet, bei dem es um Lamas geht, falls ja, ist das Upland!

Upland, eine global verteilte Plattform mit Sitz im Silicon Valley, die von den Unternehmern Mani Honigstein, Dirk Lueth und Idan Zuckerman gegründet wurde. Alles begann 2018 während einer Partie Monopoly. Das Forschungs- und Entwicklungszentrum befindet sich in der Ukraine, wo Sammlerstücke in Videospielen, die auf der Blockchain-Technologie basieren, seit 2018 für Schlagzeilen sorgen. Die Kombination aus Monopoly und Sammlerstücken brachte die Idee hervor, die reale Welt zu tokenisieren. Upland ist ein Metaverse, in dem Menschen spielen, aber auch soziale Kontakte knüpfen und vor allem Geld verdienen können. Aus diesem Grund ist die Plattform so konzipiert, dass sie einfach und für alle verständlich ist und Spaß macht. Sie bietet ein virtuelles, erweitertes Welterlebnis und eine Möglichkeit für jeden, gutes Geld zu verdienen. Die Monetarisierung auf Upland ist vergleichbar mit einem Spiel, bei dem man Immobilien auf einer realen Karte kaufen und verkaufen kann. Der Spielbildschirm unterscheidet sich ein wenig von Google Maps, wo man sich auf echten Straßen bewegen und echte Gebäude betrachten kann. Es handelt sich um ein Metaversum, eine alternative Welt, in der man Immobilien kaufen, verkaufen und mieten kann. Die Karte zeigt reale Straßen mit bereits gekauften oder zum Verkauf stehenden Immobilien und den Ressourcen, die die Nutzer darin platziert haben, um sie in profitable Objekte zu verwandeln. Durch Klicken auf ein einzelnes Grundstück kann man seinen Avatar in der Gegend platzieren, Hinweise zum Spiel finden oder es live sehen, aber der eigentliche Zweck des Spiels besteht darin, die gekauften Grundstücke zu verwalten und sie an den Meistbietenden weiterzuverkaufen. Das Spiel beinhaltet auch die Erhebung von Mieten und Credits, die sich für jede Aktion ansammeln, und diese können ausgegeben werden, um Informationen über ein Haus zu erhalten. In Zusammenarbeit mit Tilia Pay hat Upland das erste virtuelle Handelsgut für NFT in Fiat, allerdings nur in USD, auf den Markt gebracht und ist damit die erste Plattform, auf der virtuelle Immobilien gegen Bargeld getauscht werden können.

Dulgeroff NFT

Shane Dulgeroff, ein brillanter und innovativer amerikanischer Immobilienmakler, hatte eine revolutionäre Idee: Er wollte das Haus in der 221 Dryden Street in Thousand Oaks, Kalifornien, als NFT verkaufen. So bot er das Haus auf dem OpenSea-Marktplatz zur Versteigerung an. Die Idee ist, eine virtuelle, dezentralisierte Plattform zu nutzen, um eine reale, physische Immobilie zu verkaufen. Shane Dulgeroff ist ein innovativer Spezialist und Investor in der Luxusimmobilienbranche. Sein Ziel ist es, Immobilieninvestoren abzufangen und über den Markt und seine Trends auf dem Laufenden zu bleiben. Er beabsichtigt, neue Wege in der Immobilienbranche zu beschreiten. Spannende Videos auf Dulgeroffs Website begleiten die gesamte Transaktion und stellen das Haus potenziellen Käufern vor. Das Haus verfügt über einen Garten und einen Pool, zwei Schlafzimmer, eine Küche mit modernsten Geräten, ein Badezimmer und Holzböden. Es ist nicht das Haus an sich, das tokenisiert wurde, vielmehr ist aus dem Haus ein NFT Kunstwerk mit dem Namen "Flying in Colors" geworden. Die Designerin des NFT ist die etablierte

Krypto-Künstlerin Kii Arens, die bereits mit Künstlern wie Dolly Parton, Lady Gaga, den Rolling Stones, Radiohead und vielen anderen zusammengearbeitet hat. Mit ihrer Kunst bringt Arens ihre Vorstellung von Heimat zum Ausdruck. Das NFT-Haus stellt eine lunare, poppige Vision von Heimat dar und ist ein echtes Krypto-Kunstwerk mit einer digital replizierten Ansicht der San Gabriel Mountains. Shane Dugleroffs Idee ist es, die Kluft zwischen dem Realen und dem Virtuellen zu überbrücken, indem er beide ineinanderfließen lässt. Auf der Website finden sich auch Dokumente über das Haus und der Leitfaden für den Kauf des NFT. Es handelt sich um ein Immobiliengeschäft, das es absolut wert ist, getestet zu werden, da der Markt noch etwas undefiniert ist, was die Steuern und Vorschriften für einen Verkauf dieser Art angeht.

Das NFT-Video des Hauses ist so sehr an die Immobilie des Hauses gebunden, dass es nicht möglich ist, die beiden zu unterscheiden. Darüber hinaus hat Dugleroff den Zugang zu Immobilien vereinfacht, indem er die Aufmerksamkeit jüngerer Menschen darauf lenkte und ein völlig neues Publikum ansprach: digitale Investoren. Dugleroffs Initiative stieß auf einige Probleme, die zum Scheitern des Geschäfts führten. Potenzielle NFT-Käufer sahen sich mit einer Hürde konfrontiert, die sich aus den zusätzlichen Kosten ergab, die beim Kauf einer Anlageimmobilie im Vergleich zu einem rein digitalen Vermögenswert anfallen. Auch wenn der Kauf einer Immobilie mit einem NFT verbunden ist, hat er doch erhebliche rechtliche und steuerliche Auswirkungen für den Käufer. Die Kluft zwischen den beiden Investitionswelten, die Dulgeroff zu überbrücken suchte, war viel größer als erwartet. Denn hinter dem Angebot muss ein Käufer stehen, der sich mit Kryptowährungen und NFTs ebenso auskennt wie mit dem Immobilienmarkt und der Immobilienverwaltung. Dieses Erfordernis machte es, zumindest im Moment, sehr viel schwieriger, ein Publikum für die Investition zu finden. Da ein Haus ordnungsgemäß gewartet werden muss, handelt es sich also um eine ganz andere Investition. Sich auf Krypto-Käufer zu beschränken, bedeutet immer noch, einen wesentlichen Teil des Immobilienmarktes abzuschneiden. Ich bin jedoch zuversichtlich, dass sein Versuch vielversprechend sein wird und es denjenigen, die experimentieren wollen, um echte Chancen in diesem Bereich zu schaffen, ermöglicht, die von Dulgeroff aufgezeigten Stärken und Schwächen zu nutzen, der nach den besten Strategien sucht, um diesen neuen Markt zu einer disruptiven und profitablen Innovation zu machen. Mehr Informationen findest du auf www. dulgeroffnft.com.

Das 862 Fenimore Haus in New York

Das Haus, das am 8. April 2021 auf OpenSea als NFT gelistet wurde, ist nicht einfach nur ein Haus, sondern ein Kunstwerk, das von dem berühmten amerikanischen Architekten Paul Rudolph geschaffen wurde, dem Gründer der renommierten Saratosa School of Architecture und Deus Ex Machina hinter dem Bau legendärer Gebäude auf der ganzen Welt. Rudolph arbeitete in den 1980er Jahren an diesem Projekt und plante Ergänzungen und Verbesserungen, die das Gebäude zu einem wahrhaft zeitlosen Juwel machen sollten. Heute wurde dieses seltene historische Gebäude unter sorgfältiger Aufsicht umgestaltet, um die ursprüngliche Idee zu bewahren. Sonnenkollektoren, ökologischer Schaumstoff und geothermische Systeme wurden hinzugefügt, um das Haus zu einem Null-Emissionshaus zu machen und gleichzeitig alle Annehmlichkeiten des Luxus des 21. Jahrhunderts. Das Haus der Zukunft ist ein historisches Gebäude mit 9.000 Quadratmetern auf einem Grundstück von 2,49 Hektar. Die Innovation des Projekts besteht darin, dass es mit einer Auktionsbasis von 1 Ether und einer Meldegebühr von 2 % möglich ist, an der Auktion teilzunehmen und das NFT dieses Gebäudes von absolutem Prestige zu gewinnen, dessen realer Preis, wie von der Paul Rudolph Heritage Foundation und der Paul Rudolph Foundation angegeben, für die meisten Menschen unmöglich wäre. In diesem Fall bietet die Tokenisierung eine außergewöhnliche Gelegenheit, denn wer die Auktion gewinnt, wird Eigentümer des NFT und der damit verbundenen Immobilie. Es hieß damals: Wer "The World's First Art as Architecture NFT" gewinnt, erhält nicht nur ein einzigartiges Stück, sondern auch das Eigentum an dem physischen Haus. Mehr Informationen findest du auf www.862fenimore.com

Jered Kennas NFT-Mietvertrag

Jered Kenna, der Gründer und CEO von 20mission Co-living/20mission Cerveza, versteigert einen ziemlich beträchtlichen NFT. Es ging dabei um die Rechte an einem 75-jährigen Mietvertrag für seine 20Mission Co-living-Fläche, bezahlt in Form eines NFT. Derjenige, der die Auktion gewinnt, zahlt 1 $ pro Monat und keine Nebenkosten für das gemeinsame Wohnen in einem Gebäude mit 41 Wohneinheiten im Mission District, in dem die Mieter regelmäßig bis zu 2.200 $ Monatsmiete zahlen. Mit diesem innovativen Projekt werden zum ersten Mal physische statt virtuelle Immobilien mit Token versehen, was die Immobilienbranche revolutioniert, da es keinen direkten Präzedenzfall für einen NFT-Mietvertrag gibt. Und nach dem Fall des Immobilienmaklers Dulgeroff, der versucht hat, eine Immobilie zu verkaufen, indem er sie mit einem Krypto-Kunstwerk in NFT verknüpfte, geht diese Initiative in eine andere Richtung und sieht ein langfristiges Projekt vor. Das berühmte Bitcoin-Haus, das den Mietvertrag versteigert, befindet sich im Herzen der Startup-Community des Silicon Valley. Zusätzlich zum Mietvertrag erhalten die Auktionsgewinner einen zusätzliche NFT, der ihnen das exklusive Recht gibt, den erworbenen Raum als virtuellen Vermögenswert zu nutzen. 20Mission wurde von Jered Kenna, einem Bitcoin-Börsenpionier und Gründer der ersten Bitcoin-Börse in den Vereinigten Staaten, entwickelt und ist ein kryptografisches Wahrzeichen des allerersten Bitcoin-Hauses. Es beherbergte die ersten Bitcoin-Treffen in San Francisco, die erste Bitcoin-Kunstausstellung und war auch der Schauplatz des ersten Dokumentarfilms über die Währung, The Rise and Rise of Bitcoin, der 2014 veröffentlicht wurde. 20Mission besitzt luxuriöse Co-Living-Spaces im Herzen von San Francisco, die vollständig für das Leben mit einer eingebauten Startup-Community zur Förderung des Unternehmertums ausgestattet sind. Zusammen bilden diese Geschäftsräume und Einzelzimmer eine 41-Zimmer-Gemeinschaft, die auf Kunst, Technologie und Unternehmertum ausgerichtet ist und im Zentrum des Mission District liegt. Aus diesem Grund ist Kennas Strategie eine potenziell gewinnbringende, da sie darauf abzielt, zahlreiche Investoren und junge Menschen anzuziehen, die an Projekten wie diesem interessiert sind, die Mieter des Hauses werden und keine zusätzlichen Steuern dafür zahlen müssen.

Jered Kenna ist bestrebt, den Erfolg, den NFTs beim Verkauf virtueller Immobilien erzielt haben, durch die Einführung eines völlig neuen Modells zu wiederholen, das den Immobilienmarkt aufmischen kann. Es ist ein großes Anliegen, das man im Auge behalten sollte. Das Gebäude hat aufgrund seiner Historie und seines Einflusses einen hohen Wert. Dennoch gilt es als geeignetes Investitionsobjekt.

Enjin und die LABS Group ermöglichen Fractional NFTs

Die im Internet kursierenden Nachrichten über die großen Umsätze und das Interesse der Investoren an der NFT-Welt erwecken den Anschein, als sei eine Art goldener Mythos um sie entstanden. Das ist nicht ganz richtig. Die NFT-Welt steht jedem offen, und diese Initiative beweist dies. Die Welt der non-fungible Token ist in eine glänzende Aura von Luxus und Glitzer gehüllt, aber das ist nur ein Teilaspekt. NFTs öffnen die Tür zu einer beispiellosen Demokratisierung des Investierens, die nirgendwo sonst möglich ist. Diesem Prinzip folgend haben die Blockchain-Plattform Enjin und die LABS Group eine Zusammenarbeit begonnen, die die Tür zu kostengünstigen, erschwinglichen Immobilieninvestitionen öffnet. Die Fraktionierung von renditestarken Immobilien wie Luxuswohnungen, Villen und Hotels in Form von Token ermöglicht Klein- und Kleinstanlegern den Zugang zu einem Markt, der ihnen bisher verschlossen war, und bietet gleichzeitig zusätzliche Vorteile, die letztlich eine neue Ära auf dem Immobilienmarkt einleiten. Transaktionen, die über Ethereum abgewickelt werden, ermöglichen es sowohl den Käufern als auch den Eigentümern großer Immobilienvermögen, die hohen Kosten für die Inanspruchnahme

Dritter zu senken und die langen Wartezeiten aufgrund nationaler und supranationaler Vorschriften zu vermeiden. Die Tokenisierung von kleinen Anteilen erstklassiger Immobilien wird einen großen Liquiditätszufluss in den globalen Immobilienmarkt ermöglichen und die größte Anlageklasse der Welt mit einem geschätzten Wert von 228 Billionen US-Dollar schaffen. Die über Enjin erstellten NFTs werden in die Plattform der LABS Group integriert, auf der nur zugelassene Immobilienbesitzer ihre eigenen NFTs prägen können. All dies wird sowohl durch die inhärenten Eigenschaften der Blockchain als auch durch die LABS Security Exchange Regulation geschützt. Bei einem Preis von nur 100 Dollar pro NFT-Anteil kann jeder in einen Teil eines Luxusresorts, Hotelzimmer oder sogar ganze Gebäude investieren und diese besitzen. Investoren können ihre Immobilien in der Enjin-Blockchain-Wallet speichern und verwalten und das Eigentum, den Ursprung, die Authentizität und die Einzigartigkeit der digitalen NFT verifizieren, was eine einzigartige Möglichkeit darstellt, das Reale mit dem Digitalen zu verbinden, um ein demokratisches Win-Win-System zu schaffen. Investoren werden in der Lage sein, einen Teil einer Luxusimmobilie zu besitzen, indem sie Dividenden teilen, während Immobilienentwickler die Möglichkeit haben werden, Liquidität zu schaffen.

QBC Engadine SA

Qbc Engadine SA ist ein junges Unternehmen mit Sitz in St. Moritz, das sich ein sehr ehrgeiziges Ziel gesetzt hat: die Vereinfachung der Bürokratie im Zusammenhang mit der Übertragung des Eigentums an verschiedenen digitalen Vermögenswerten. Das Unternehmen ist mit dem Quantico Business Club verbunden, einer exklusiven Gruppe von Unternehmern, die ihren Mitgliedern Unterstützung, Know-how und vertrauliches Networking bietet, um neue Geschäftsmöglichkeiten zu schaffen. Neu ist, dass Qbc Engadine SA nun in die NFT-Welt eingeführt wird. Qbc Engadine wurde gegründet, um Immobilien zu kaufen, zu verkaufen und zu verwalten, die in Form von kryptografischen Token verkauft werden. Das erste Projekt des Unternehmens wird darin bestehen, die Immobilie mit sechs Wohnungen über Blockchain zu vertreiben und zu vermarkten. Geleitet wird das Projekt von dem Verwalter Gianluca Massimo Rosati, der für seine Steuerfluchttechniken und seine Fähigkeit, Transaktionen zwischen Unternehmen flüssig und sicher zu gestalten, bekannt ist. An dem Projekt sind auch strategische Partner beteiligt: The Great Living Estate, eine Agentur, die sich auf die Suche und Renovierung von Prestige- und Luxusimmobilien spezialisiert hat, Luxochain, eine Agentur, die seit 2017 mit der Produktion von NFTs tätig ist und den Tokenisierungsprozess leiten wird und Terrabitcoin Club, ein Club von großen Krypto-Investoren. Das

Unternehmen wurde gegründet, um von der großen Begeisterung für NFTs und den rechtlichen Vorteilen von Transaktionen mit Kryptowährungen zu profitieren, die auf ein rationalisiertes, zugänglicheres, transparenteres und sichereres Immobilienverkaufssystem zählen können.

360X

Die Deutsche Börse hat zusammen mit der Commerzbank in eine neue Plattform namens 360X investiert, die neue Märkte für digitale Vermögenswerte schaffen soll. Vorerst konzentriert sich 360X auf die Unterstützung von Investitionen in Kunst und Immobilien. So übernehmen Banken und Kreditinstitute die Märkte für virtuelle Immobilien und Kryptokunst, um den Handel mit NFTs zu unterstützen. Carlo Kölzer, Gründer und CEO von 360X, sagte, man habe sich für Kunst und Immobilien entschieden, weil sich beide Märkte in der Vergangenheit als illiquide erwiesen hätten. Das Ziel von 360X ist es, viel mehr Dinge investierbar zu machen. Zu diesem Zweck hat das deutsche Unternehmen bis zu 10 Millionen Euro für einen Anteil von etwa 50 Prozent an 360X investiert, während die Commerzbank einen kleineren Anteil besitzt. Kölzer und seine Kollegen hatten bereits bei der Gründung von 360T, einer elektronischen Devisenhandelsplattform, im Jahr 2000 in Frankfurt zusammengearbeitet. In der Zwischenzeit experimentierten die Deutsche Börse und die Commerzbank im Jahr 2019 mit der Blockchain-Technologie. Jetzt, mit mehr Erfahrung und einer Vision für die Zukunft, sind sie bereit, den Bereich der NFTs zu betreten. Der Immobilienmarkt ist widerstandsfähig und verändert sich ständig, hat katastrophale Verwerfungen überstanden und unterstützt stets einen guten Geldumlauf. Der virtuelle Immobilienmarkt erscheint schlanker, schneller, agiler, ermöglicht unglaubliche Verdienstmöglichkeiten und verfügt über eine reibungslosere und vereinfachte Verwaltung der nationalen und internationalen Regeln, da der Austausch digitaler Vermögenswerte in der Blockchain den Regeln von Smart Contracts folgt.

Axie Infinity

Bei diesem Spiel kümmern sich die Nutzer um kleine Haustiere, die Pokémon sehr ähnlich sind. Diese Haustiere sind dazu da, Kontakte zu knüpfen, zu kämpfen, Punkte zu sammeln, sich zu verbessern und sich fortzupflanzen. Eine weitere interessante Möglichkeit in Axie Infinity ist es, Land zu kaufen und ein eigenes Haus zu besitzen. Die Tiere von Axie Infinity bewegen sich auf der Blockchain und werden auf der Grundlage von ERC-20-Tokens, d. h. AXS, dem plattformeigenen Token, hergestellt. In Spielen, die auf dem Ethereum-Netzwerk basieren, kann man erfolgreich Kryptowährungen verdienen oder zum Ökosystem beitragen, indem man Werte schafft. Man kann diese Eigenschaften im Laufe der Zeit entwickeln und aufwerten. Diese Welt wurde 2018 ins Leben gerufen, und alle Spielaktionen wurden immer im Ethereum-Netzwerk registriert. Jedes winzige Tier hat seine eigenen Eigenschaften und Fähigkeiten im Kampf, und jedes von ihnen konnte Gemeinschaften um sich scharen, die täglich durch neue Spieler bereichert werden. Obwohl es heute selbstverständlich ist, revolutionierte Axie Infinity bei seinem Erscheinen mit seiner Benutzerfreundlichkeit und seinen unendlichen Möglichkeiten das Spielgeschehen. Heute entwickelt sich das Spiel ständig weiter, ohne seine ursprünglichen Funktionen zu verlieren.

Der außergewöhnlichste Kauf betrifft nicht weniger als neun Blöcke von Genesis-Land für die Summe von 888,25 ETH, was 1,5 Millionen Dollar entspricht. Diese Transaktion ist die bisher größte NFT-Transaktion von Genesis-Land, das aufgrund seiner Seltenheit und seiner besseren Lage im Spiel sehr geschätzt wird. Die "Ländereien" auf Axie Infinity ermöglichen es, unendlich viele Ressourcen zu generieren. Der Besitz von Land in diesem Metaverse ist bereits sehr selten, da alle Grundstücke bereits verkauft wurden. Somit vervielfachen sich die Gewinnmöglichkeiten für diejenigen, die auf der Plattform aktiv sind, exponentiell. Wenn man ein Grundstück besitzt, kann man darauf Gebäude errichten, Tränke oder andere Ressourcen herstellen, die im Spiel verwendet werden können, und eine entscheidende Rolle spielen, indem man auf seinem Grundstücken Dinge wie Flüsse oder Straßen anlegt. In diesem

Spiel wird der Verkauf von virtuellem Land in Form einer Auktion ausgeführt, und jeder einzelne Quadrant Land enthält Truhen und Schatztruhen, die die Erfahrung des Benutzers bereichern. Das in der Mitte der Karte gelegene Genesis-Land ist knapp, da es auf 220 Parzellen begrenzt ist. Die Aktivitäten in den virtuellen Ländereien werden durch ein System gefördert, das die Nutzer mit fantastischen neuen Erfahrungen belohnt, wobei es (wenn man ehrlich ist) mehr darum geht, anzugeben als zu spielen. In diesem Spiel kann man virtuelle Immobilien kaufen, die durch die Zustimmung der Spieler an Wert gewinnen. Der Wert der virtuellen Wertsteigerung steigt sprunghaft an, und die Immobilienbranche sollte sich diese digitale Renaissance zunutze machen. Axie Infinity plant auch die Einführung eines interaktiven Systems namens "Project K", das es den Spielern ermöglicht, ihr virtuelles Land zu erkunden, zu dekorieren, zu bekämpfen und Ressourcen zu sammeln. Darüber hinaus wird die Plattform ständig weiterentwickelt und ermöglicht es den Spielern dank der von Sky Mavis entwickelten Ronin-Sidechain, die als Chrome-Erweiterung installiert werden kann, sogar, die erheblichen Gasgebühren zu umgehen. Darüber hinaus sind viele weitere spannende Projekte in Sicht, wie etwa die Entwicklung von Android- und Apple-Apps. Mehr Informationen findest du auf www.axieinfinity.com

Die wichtigsten NFT-Projekte mit Immobilienbezug

The Sandbox

The Sandbox ist das digitale Spiel zum Kauf und Verkauf von Grundstücken auf der Blockchain, eine Reihe von Produkten und Dienstleistungen, um verschiedene Abenteuer und Erfahrungen zu schaffen, zu verwalten und zu genießen. Was passiert, wenn Blockchain, Spiele und Immobilien zusammenkommen? Im Laufe der Jahre wurden mehrere Experimente durchgeführt, aber es wurde wenig diskutiert, und nichts hat bisher die breite Öffentlichkeit erreicht. Diesmal könnte sich das jedoch ändern: Mit dem NFT-Hype, der die Seiten der Zeitungen und Wirtschaftsblogs füllt, steht ein Projekt, das seit mehr als drei Jahren in der Entwicklung ist, kurz davor, für jedermann greifbar zu werden. The Sandbox ist ein Spiel über Blockchain. Das ist die einfachste Definition, aber auch diejenige, die der Komplexität dieses Projekts, das Auswirkungen auf die virtuelle Immobilienbranche haben könnte, weniger gerecht wird. Heutzutage erreicht The Sandbox seinen Höhepunkt an Bekanntheit und Erfolg. Die Plattform besteht aus einer Reihe von Produkten und Dienstleistungen zum Erstellen, Verwalten und Genießen von Erlebnissen und Abenteuern unter Verwendung der Blockchain. Es ist schwierig, all das zu beschreiben, was man auf The Sandbox tun kann. Vor einigen Monaten bot die Plattform nach einer dreijährigen Entwicklungszeit ihr erstes Produkt an, eine Karte mit 166.464 digitalen Grundstücken, die bereits mehrfach verkauft wurde.

Im Allgemeinen steigt der Wert aller Grundstücke jeden Tag, weil die Karte feststeht: Wenn die zu kaufenden Grundstücke fertig sind, kann man nichts anderes tun, als sie zu mieten oder sie unter anderem zum Spielen zu nutzen. Die Lose werden direkt auf der Website zum Verkauf angeboten oder können über ein Auktionssystem auf Opensea, einer der bekanntesten NFT-Tauschplattformen, ersteigert werden. So wurden allein im Februar 2021 Lose im Wert von mehr als 2,8 Millionen Dollar verkauft, und ein einzelnes Grundstück wurde für rund 300.000 Dollar versteigert. Diejenigen, die zu solch hohen Preisen kaufen, tun dies aus einem einzigen Grund: Einige Lose haben eine strategische Bedeutung für die Landkarte. Einige der einflussreichsten Käufer sind in der Tat fundamentale Entitäten sowohl innerhalb als auch außerhalb der Kryptowelt. So hat beispielsweise der Videospiel- und Konsolenhersteller Atari Lose für bis zu 2 Millionen Dollar gekauft. In der Zwischenzeit haben sowohl Coinmarketcap als auch Binance viele Lose gekauft.

Ein Grundstück in der Nähe einer großen Marke zu besitzen, bedeutet, dass man in der Lage ist, dieses Grundstück Drittkunden anzubieten, indem man ihnen die Nähe zu Produkten und Dienstleistungen erklärt, die jeder nutzt, genau wie ein Immobilienmakler versucht, jemanden davon zu überzeugen, eine Wohnung im Stadtzentrum von Rom zu kaufen und nicht in einem Vorort oder in einer kleinen Stadt, die viele Kilometer entfernt ist. In beiden Fällen macht die Nähe zu Dienstleistungen (ob physisch oder digital) einen Unterschied. Da Grundstücke nicht wie bei Monopoly oder in der realen Welt einfach nur ein Stück Land sind, kann man darauf bauen und ein Gebäude mit Einrichtungen und Szenen errichten, die für die eine oder andere Erfahrung geeignet sind. Atari zum Beispiel könnte mit all den Grundstücken, die sie haben, ein kolossales Spiel entwickeln. Gleichzeitig könnte ein Entwickler einen Konferenzraum bauen, den er an Gemeinden und Unternehmen vermietet, die Veranstaltungen in besonderen Szenarien durchführen wollen. Auf der einen Seite gibt es die Nutzer der Welt, auf der anderen Seite die Ersteller. Letztere können mit Hilfe eines von The Sandbox bereitgestellten Softwarepakets sowohl Spiele erstellen als auch Objekte und Charaktere entwerfen, die sie dann auf der Handelsplattform, weiterverkaufen können. In beiden Fällen sind die Schöpfer digitale Künstler, die die Elemente oder Erfahrungen liefern, die The Sandbox zu einem eigenständigen Metaverse machen. In dieser Zeit des bedeutenden Wachstums hat das Team der Plattform mehrere Initiativen ins Leben gerufen, um die Arbeit der Schöpfer zu finanzieren.

Zum Start der Betaplattform hatten 46 Künstler 112 Kreationen geschaffen, die zu ihren Ländern hinzugefügt werden können. Alles, was geschaffen wird, gehört nicht The Sandbox, sondern wird direkt dem Ersteller gutgeschrieben und in der Blockchain aufgezeichnet, so dass dieser das Urheberrecht behalten kann. The Sandbox ist ein gutes Beispiel für die Komplexität, die eine Anwendung auf der Blockchain erreichen kann, und dafür, wie die Dezentralisierung zur Umverteilung von Wohlstand genutzt werden kann. Die Anwendung ist über die Ethereum-Blockchain zugänglich. Mehr Informationen findest du auf www.sandbox.game.

Cryptovoxels: Das Minecraft der Kryptowelt

Im Jahr 2018 gründete Nolan Consulting, ein unabhängiger Spieleentwickler mit Sitz in Wellington, Neuseeland, Cryptovoxels. Ursprünglich ein Projekt zum Aufbau eines einfachen Metaverse, sah der Autor dessen mögliche Erweiterung über die Ethereum-Blockchain unter Verwendung eines Standard ERC721-Tokens. Cryptovoxels ist ein Spiel im Stil von Minecraft, bietet aber viel mehr für Immobilieninvestoren und -nutzer. Es ermöglicht den elektronischen Handel von Grundstücken, Immobilien und mehr. Zudem ermöglicht es den Nutzern, ihre Gegenstände und die digitalen Vermögenswerte wirklich zu besitzen, die sie angelegt haben. Dort kann man Grundstücke, Objekte, Kunstwerke und vieles mehr kaufen und verkaufen. Es ist eine durch und durch soziale Welt, sie schafft einen Raum zum Teilen und für soziale Kontakte. Cryptovoxels ist eine Welt, die von den Nutzern geschaffen wurde und von ihnen bearbeitet werden kann. Man kann Läden, Kneipen zum Spielen, Aufnahmestudios, Kunstgalerien und alles andere, was man sich vorstellen kann, einrichten. Die Benutzeroberfläche des Spiels ist sehr intuitiv, was seine Investitionsmöglichkeiten erheblich erweitert, da es wie eine benutzerfreundliche Virtual-Reality-Plattform aussieht. Sobald die Nutzer ihre Metamask-Wallet mit dem Spiel verbunden haben, verfügen sie über einen Avatar, dem sie einen Namen geben und tragbare Geräte kaufen können. Nach dem Kauf von Grundstücken können sie dann bauen, was sie wollen, und sich in der Stadt frei bewegen, kaufen und Orte besuchen, wie in der realen Welt. Obwohl Cryptovoxels derzeit hauptsächlich als Basis für virtuelle Galerien der NFT und virtuelle Konferenzen in der erweiterten Realität genutzt wird, sind die Möglichkeiten für eine wirtschaftliche Expansion zahlreich, weshalb die Grundstücke in "Origin City" bereits ausverkauft sind. Die Entwickler haben daher die Eröffnung von Proxima Tower Island angekündigt, einer Turminsel, die über eine Brücke mit Origin City verbunden ist und auf der es möglich sein wird, anstelle von Land ein Apartment zu kaufen. Die 80 Wohnungen werden zu einem Preis von 200 Dollar pro Stück angeboten, was wesentlich günstiger ist als ein Grundstück in Origin City. Sie sind das Ziel von Immobilieninvestoren, die das Potenzial einer boomenden Welt erkannt haben, in der man ohne die Einschränkungen internationaler Gesetze kaufen und verkaufen kann. Nolan hat auf der Insel einen wahren Sandkasten geschaffen, in dem man nun seine eigenen Objekte bauen kann, ohne ein Grundstück zu besitzen.

Cryptovoxels ist eine Welt in voller Expansion. Ein Verbindungspunkt zwischen Investoren, Künstlern, Auktionshäusern, Marken und Unternehmen, die nach einem Ort der dauerhaften Interaktion mit der Öffentlichkeit suchen, da die virtuelle Realität für die Nutzer näher an der realen Welt ist als je zuvor. In Grundstücke in virtuellen Welten wie dieser zu investieren, bedeutet, die Türen zur digitalen Innovation des Metaversums zu öffnen, das immer mehr künftige Generationen erobert, und sich an der Spitze eines lebendigen und ausgesprochen lukrativen Marktes zu positionieren. Mehr Informationen findest du auf www.cryptovoxels.com.

SuperWorld

SuperWorld wurde 2017 von Hrish Lotlikar und Max Woon gegründet und verwendet den ERC-721-Standard. Nutzer, die Land auf SuperWorld kaufen, besitzen einen non-fungiblen Token mit mehreren Monetarisierungsmöglichkeiten. Darunter die Möglichkeiten virtuelle Spiele zu erstellen, Geschäfte und E-Commerce zu eröffnen, Land zu verkaufen, einen Augmented-Reality-

Treffpunkt zu schaffen und Ausstellungen von Kunstwerken zu erstellen. Alle Investitionsmöglichkeiten, die auf einem realen Grundstück möglich sind, scheinen auf einem digitalen Grundstück in diesem Metaversum potenziell replizierbar. Grundstücke, die noch nicht auf der Plattform gekauft wurden, haben einen Basispreis von 0,1 ETH. Auf sie kann zugegriffen werden, indem man sich bei SuperWorld anmeldet und eine Wallet wie Metamask, Portis oder Fortmatic erstellt und Ethereum-Währung darauf hochlädt. SuperWorld ist eine der bemerkenswertesten Metaversen innerhalb der NFT-Welt und eine der begehrtesten für Investoren in digitale Immobilien, mit 64,8 Milliarden virtuellen Landparzellen, die geografisch auf der Erde abgebildet sind. Der gesamte Globus wurde auf der Plattform kartiert und in 100 x 100 m große polygonale Grundstücke unterteilt und zum Verkauf angeboten. Heute wird ein einzelnes Stück der High Line in Manhattan für über 300 ETH verkauft. Die Plattform ermöglicht es ihren Nutzern, ein einzigartiges Stück des Planeten Erde zu besitzen und es nach ihren Wünschen zu gestalten, von Augmented Reality über 3D Animationen bis hin zu Audio-, Video- und Textinstallationen. Diese erweiterte Realität wird nicht nur für die Besucher von SuperWorld sichtbar sein, sondern auch für all jene, die mit der entsprechenden App einen bestimmten Ort mit der Kamera ihres Handys oder einer VR-Brille besuchen. Neben dem Land bietet die Plattform endlose Möglichkeiten, durch verschiedene Initiativen Geld zu verdienen, wie zum Beispiel im NFT Saloon. Dort können NFT-Schöpfer aller Art ihre Kreationen ausstellen und verkaufen. Doch es gibt weit mehr: Kryptokunst, Sammlerstücke,Videospiele, Musik und jede andere mögliche Kombination.

Das Ziel ist die Schaffung einer lebendigen Künstlergemeinschaft. Aus diesem Grund gibt es eine Liste der ansässigen Künstler, der besten NFT-Künstler, die Immobilien und Grundstücke auf der Plattform besitzen, die sogenannte "SuperWorld Star Chamber". Dies ist eine virtuelle Galerie, in der die Plattform einige der am meisten bewunderten und geschätzten NFT-Künstler vorstellt. Zu den Investoren und Beratern gehören CapitalFactory, DraperGorenHolm, SOSV, Bob Metcalfe (Erfinder von Ethernet und Metcalfe's Law), Richard Ling (Gründer von Rembrandt Ventures), Bob Fabbio (CEO von Tivoli), Phil Rowley (Leiter der Futures-Abteilung der Omnicom Group), Nitin Gaur (Leiter der Abteilung für digitale Vermögenswerte bei IBM), Tobias Ratschiller (CEO von CryptoCoinNews), Chris Thomas (Leiter der Abteilung für digitale Vermögenswerte bei der Swissquote Bank), William Burns (ein Pionier des Metaverse), Brian Thorp (CEO von Wealthtender) und Joseph Chan (geschäftsführender Gesellschafter von Guardian Property Advisors). Mehr Informationen findest du auf www.superworldapp.com.

Decentraland

Decentraland präsentiert eine Virtual-Reality-Plattform, die auf der Ethereum-Blockchain basiert. Mit ihr können Nutzer Anwendungen und Inhalte erstellen und gleichzeitig Einnahmen generieren. Es ist die erste vertrauenswürdige dezentralisierte virtuelle Plattform, die sich von der Masse abhebt, auf der Blockchain aufbaut und sich im Besitz ihrer Nutzer befindet.

Das Team von Decentraland hat Erfahrung mit Kryptowährungen, unter anderem mit der Erfindung von Bitcore (BTX). Zusätzlich arbeitet Decentraland mit zwei anderen Kryptowährungen, Aragon und District0x. Derzeit gibt es buchstäblich keine Grenzen bei Decentraland. Mit dieser Plattform kann alles geschaffen und erforscht werden. Nutzer können Land kaufen, indem sie die Ethereum-Blockchain nutzen, die das Eigentum unzweifelhaft bestätigt. Als Nutzer ist man frei, alles zu tun, was man möchte. Einige der vom Decentraland-Team vorgeschlagenen Optionen umfassen Live-Musik-Shows, Casinos, Shopping, kommerzielle Aktivitäten, Besuche in Unterwasser-Resorts und Testfahrten für Autos. All dies findet in einer virtuellen Welt mit einer 360-Grad-Ansicht statt, die die Nutzer über den Webbrowser oder mit einer VR-Brille erleben können. Der wichtigste Unterschied zwischen Decentraland und bestehenden VR-Plattformen sind die Eigentumsverhältnisse. Das Team, das das Projekt verfolgt, ist der Meinung, dass öffentliche virtuelle Welten mit offenen

Standards verwaltet und geregelt werden sollten. Einfach gesagt, keine zentrale Organisation sollte ihren Willen durchsetzen.

Decentraland ist nicht nur im Besitz der Nutzer, sondern ermöglicht ihnen auch die vollständige Kontrolle über das Grundstück, das ihnen gehört. Außerdem können die Eigentümer aus dem von anderen Nutzern generierten Wert ein Einkommen erzielen. Zudem unterscheidet sich Decentraland deutlich von Systemen, bei denen die zentrale Organisation, die die Plattform betreibt, einen Anteil an jeder Transaktion erhält. Ohne einen zentralen Punkt kann keine Gruppe über die zu zahlenden Provisionen oder Gebühren entscheiden. All dies ist, wie bereits erwähnt, durch die Verwendung der Blockchain-Technologie von Decentraland möglich, die das Eigentum an einer Parzelle eindeutig zertifiziert. Der Kauf von Land ist dabei so einfach wie die Verwendung von MANA, dem Token von Decentraland. Die Grundstücke haben eine Größe von 10 Quadratmetern, und es gibt keine Beschränkungen für vertikale Gebäude, die einzigen Beschränkungen betreffen die Grundfläche der Bauten. Allerdings ist es wichtig zu wissen, dass die Erdplättchen von Dezentraland spärlich sind. Sie wurden speziell und absichtlich entworfen, um die Nachfrage zu erhöhen und die allgemeine Benutzererfahrung und die Fähigkeit, den Inhalt zu entdecken, zu verbessern. Wären die Ländereien riesig, würden sie nie erforscht werden und würden auch nur sehr wenig kosten. Die Registrierung für das Terraform Event endete am 15. Dezember 2017.

Du fragst dich vielleicht für was der MANA Token dabei genutzt wird? MANA wird verwendet, um Ländereien zu erwerben, entweder direkt von Decentraland oder von anderen Nutzern, da Ländereien übertragbar sind, und um digitale Güter und Dienstleistungen in der virtuellen Welt zu kaufen. Der Nutzen von MANA wird wachsen, wenn die Ländereien von Decentraland auf der Ethereum-Blockchain entwickelt werden. Man kann MANA-Token an den bekanntesten Börsen wie Binance usw. kaufen.

Das Projekt Decentraland wurde bereits im Juni 2015 gestartet, in der sogenannten Steinzeit, als die Erde in Form eines einfachen Gitters modelliert wurde und die Pixel den Nutzern durch einen Proof-of-Work-Algorithmus zugewiesen wurden. Im März 2017 trat das Projekt in die Bronzezeit ein, und eine 3D-Ansicht wurde hinzugefügt. Diejenigen, die MANA, das ER-C20-Token, kauften, konnten Grundstücke erhalten und dann mit anderen Inhabern der gleichen Kryptowährung interagieren. Später fügte das Eisenzeitalter Multiplayer-Unterstützung hinzu, zusammen mit einem Live-Chat und Avataren. Die letzte Periode, das Silicon Age, hat die Welt für die volle VR-Unterstützung geöffnet. Im März 2018 brachte die Gruppe den Decentraland Marketplace auf den Markt, einen dezentralen Marktplatz, auf dem man Land anderer Nutzer kaufen und verkaufen kann, wie der Name schon sagt. Mehr Informationen findest du auf www.decentraland.org.

Etherland

Beim Kauf oder Verkauf einer Immobilie ist es unerlässlich, ein Dokument zu besitzen, das als Nachweis dient und alle Informationen enthält, die über dieses Grundstück oder diese Immobilie gefunden werden können. Dieses Dokument, das Kataster genannt wird, wird in vielen Ländern nach den von Napoleon 1807 aufgestellten Richtlinien verwendet. In anderen Ländern ist dies jedoch nicht üblich. Dort wird der Verkauf stattdessen öffentlich angezeigt, damit er überprüft werden kann. Dieses Verfahren ist ein Beispiel für die Dezentralisierung, durch die es nach wie vor schwierig ist, Verkäufe nachzuvollziehen, die oft schwer zu beweisen sind. An dieser Stelle kommt Etherland ins Spiel. Durch ein weltweites Register, bekannt als Estatepedia, verbindet Etherland Immobilieneinheiten aus der ganzen Welt und ermöglicht es den Menschen, auf effiziente und transparente Weise Informationen zu erstellen, zu besitzen und zu pflegen. Etherland wird es den Menschen ermöglichen, die Kontrolle über Rechtsdokumente, Bilder, Geländedaten, Sonneneinstrahlung und vieles mehr zu erlangen und gleichzeitig NFTs zu schaffen, die darauf abzielen, ein ganzes Ökosystem zu entwickeln, das ein Metaverse parallel zu dem der Erde ist. Die Etherland-Plattform ist eine Ansammlung interoperabler Technologien, die die digitalen Daten der Nutzer mit der physischen Welt verbinden. Es handelt sich im Wesentlichen um ein dezentrales Depot, das jederzeit und von jedem Ort der Welt aus freien Zugang zu Informationen bietet, und zwar für einen nahezu unbegrenzten Zeitraum. Etherland wurde als Lösung für den Mangel an Informationen oder deren böswillige Verwaltung durch die Eigentümer geschaffen. Auf diese Weise bindet Etherland den Eigentümer an die Informationen seiner Immobilie, indem es eine vollständige Historie mit Aktualisierungen, Informationen und Eigentumsänderungen bereitstellt. Der erstellte Token wird LAND ID genannt, und im Metaverse hat man die vollständige Kontrolle über die darin gespeicherten Immobiliendaten, die auch geändert werden können. Etherland ist die erste globale Estatepedia, die auf der Ethereum-Blockchain läuft und die Verwaltung der Identifizierung von Landeigentum verändern wird, möglicherweise durch die Umwandlung oder Integration von Papierdokumenten in ERC721-Tokens und einzigartige IPFS-Daten. Der tatsächliche Eigentümer des Grundstücks, welches man digitalisieren möchte, kann somit eine Verified LAND ID erhalten, sofern man über ausreichende rechtliche Informationen verfügt. Da die Blockchain-Technologie in mehreren Ländern weltweit als rechtlicher Nachweis akzeptiert wird, kann man einen doppelten Eigentumsnachweis erhalten. Eine LAND ID kann Informationen über Land , Stadt, Art des Grundstücks, Art der Infrastruktur und Anzahl der Ausgaben enthalten.

Darüber hinaus hat die Plattform angekündigt, dass Nutzer aus der ganzen Welt in der Lage sein werden, seltene NFTs zu besitzen, indem sie sie über ihre Smartphones mittels VR einfangen, also eine echte Schatzsuche, bei der sich die Spieler den Besitz dieser NFTs sichern können. Einige von ihnen sind kostenlos und auf der Karte versteckt. Mehr Informationen findest du auf www.etherland.world.

Meridio

Meridio ist eine weitere Plattform, die auf der Ethereum-Blockchain basiert und sich den "fractional" NFTs in Verbindung mit Immobilien widmet. Sie stellt eine der spannendsten Möglichkeiten dar, private Investitionen zu tätigen und bietet die Möglichkeit, die verschiedenen Probleme des Zugangs zu Immobilieninvestitionen zu reduzieren und möglicherweise zu beseitigen. Die Grundidee ist, dass man einen Teil einer Immobilie besitzen kann, zum Beispiel ein Gebäude mit Büros darin oder ein Geschäft in einem trendigen Viertel. Mit Meridio kann man einen Teil dieses Gebäudes besitzen, und zwar auf einfachere Weise, eine Methode, die es den Anlegern auch ermöglicht, die Bruchteilseigenschaft weiterzuverkaufen und schnell Liquidität zu erhalten. Die Blockchain senkt die Kosten für eine Transaktion erheblich. Sie ermöglicht eine transparente Finanzierung der Immobilie, da dieser Vermögenswert alle notwendigen Metadaten bietet, um die beste Immobilie entsprechend der eigenen Erwartungen auszuwählen. Meridio zielt also darauf ab, Transparenz und klare Informationen zu liefern, um den Immobilienmarkt liquider, zugänglicher und effizienter zu machen, und zwar für verschiedene Investorengruppen, von Privatpersonen bis zu großen Unternehmen. Die Gründer Mo Shaikh und Corbin Page begannen mit der Erforschung der verschiedenen Möglichkeiten, die die Blockchain bieten könnte, bis sie beschlossen, ihre Ideen zusammenzuführen und Meridio zu gründen. Für Investoren bietet Meridio mehrere Vorteile. Es erfordert keine Mindestinvestition oder Startkapital. Es reduziert die Transaktionskosten, die bei Peer-to-Peer und Direktinvestitionen anfallen. Es entwickelt die Liquidität des Portfolios, indem es die Umschichtung von Aktien oder Anleihen ermöglicht. Zudem ist es möglich zusätzliches Kapital freizusetzen sobald die Immobilie erworben wurde, Transaktionsprozesse durch Smart Contracts zu rationalisieren und Asset-spezifische Daten in Echtzeit zu analysieren. Die Blockchain-Branche bewegt sich über die Spekulation hinaus. Mit Plattformen wie Meridio tritt sie in die Ära der Nützlichkeit ein und bekommt eine substanzielle Vorstellung von der Zukunft der Immobilien. Meridio läuft auf ConsenSys, der von Joseph Lubin in New York gegründeten Plattform, die auf der Ethereum-Blockchain arbeitet. Der integrierte stable Coin ist DAI von Maker. Die Verwendung eines stable Coins ermöglicht die Vorteile von Smart Contracts, während die Volatilität von Kryptowährungen vermieden wird. Einfach erklärt, ein Stable Coin sollte immer die 1 Dollar halten. Darüber hinaus können Benutzer Token in der App direkt mit DAI in einem direkten, vertrauenslosen Austausch zwischen Token und DAI kaufen oder tauschen, was bedeutet, dass die Transaktion ohne einen Treuhandservice stattfinden kann und nicht einer unbestimmten Preisvolatilität unterliegt. Meridio hat das Airswap-Widget in die Wallets der Nutzer integriert, so dass sie alle Ether, die sie in Metamask halten, schnell in DAI umwandeln können. Die Walletseite zeigt jedem Nutzer den DAI- und ETH-Saldo seines verknüpften Wallets an, so dass er schnell seine aktuelle Position sehen und die Währungen entsprechend konvertieren kann. Mehr Informationen findest du auf www.cofi.tech.

OVR

Man kann mit Sicherheit sagen, dass der Immobilienmarkt ab 2020 einen neuen Boom im Bereich der virtuellen Grundstücke erlebt hat. Angebot und Nachfrage haben in der Tat erheblich zugenommen. Vielleicht hat auch die Pandemie dazu beigetragen, dass virtuelle Grundstücke attraktiver geworden sind und von vielen Investoren gekauft wurden. Virtuelle Grundstücke sind aus verschiedenen Gründen sehr gefragt, in erster Linie natürlich wegen des Profits. Doch auf virtuellem Land kann man Bauwerke errichten und echte virtuelle Galerien mit Krypto-Kunstwerken schaffen. Man kann sie vermieten und verkaufen. Man kann Krypto-Spiele veranstalten. Man kann völlig autonom entscheiden, welche Art von Erfahrung der Nutzer machen kann. In diesem Zusammenhang steht OVR, eine Open-Source-Plattform für Augmented Reality, die auf der Ethereum-Blockchain aufbaut und den Nutzern virtuelle Erlebnisse in einem virtuellen Land namens OVRLand bietet, in voller Blüte. OVR wurde kürzlich durch eine disruptive Nachricht bekannt: bis zum 30. April 2021 war es möglich, den Eiffelturm in Form von NFT-Tokens mit einer Auktionsbasis von 7.400 US-Dollar zu erwerben. Insgesamt hat OVR in den vier Monaten seit seinem Start über 200.000 NFTs aus seinem OVRLand verkauft und am 27. April in Zusammenarbeit mit den Künstlern Giovanni Motta, Marco Biscardi und Rok Bogataj eine Kunstgalerie eröffnet, die innerhalb weniger Stunden 7.000 Aufrufe erreichte. Das neue digitale Echtzeit-Erlebnis wird über das Smartphone ermöglicht. Die OVR-App ist sowohl im Android- als auch im Apple-Store erhältlich. Sie ermöglicht es Nutzern mit einem Mobilgerät oder einer Smart Glass, personalisierte, interaktive Augmented-Reality-Erlebnisse in der realen Welt zu erleben. Sie kann als neuer Standard in der erweiterten Realität definiert werden, bei dem die geografischen Erfahrungen auf dem Standort des Nutzers basieren. Mit der erweiterten Realität von OVR wird alles möglich, sogar gemeinsame Partys. Jeder Nutzer hat seinen eigenen 3D-Avatar, der mit den Avataren anderer Nutzer interagieren und an Live-Auftritten teilnehmen kann. Diese Erlebnisse sind in der erweiterten Realität mit noch originelleren Landschaften, Lichteffekten und Tieren aller Art verfügbar, und das alles in seinem eigenen Haus, das man komplett umgestalten kann. OVR ist das Geistesprodukt des italienischen CEO Davide Cuttini. Der operative Hauptsitz von OVR befindet sich in Italien, genauer gesagt in Udine, während die Plattform ihren internationalen Hauptsitz in Estland hat. Das OVR-Ökosystem stützt sich auf ein Netz von Sechsecken, das die gesamte Erdoberfläche abdeckt und "Over the Planet" genannt wird. Die Sechsecke, OVR-Lands genannt, haben eine bestimmte geografische Lage und eine Standardgröße von 300 Quadratmetern. ERC-721-Token ermöglichen ein dezentrales Eigentum an der Ressource und den darin enthaltenen Erfahrungen. OVRLand kann in mehrere Hexagone unterteilt werden, die eine genauere Lokalisierung des Besitzes ermöglichen. Das bedeutet, dass die Eigentümer, die in ein Land investiert haben, völlig autonom entscheiden können, welche Art von Erfahrung der Nutzer machen kann, sobald er sich darin befindet. Diese OVRLands können zwischen den Nutzern dezentral über den OVR Owner-Marktplatz frei gehandelt werden. Wie auf jeder dezentralen Plattform hat die Gemeinschaft somit die vollständige Kontrolle über OVRLands und OVR Experiences. Wirtschaftliche Anreize, Entwicklung und Wachstum sind für Landbesitzer in OVRs möglich, gerade wegen der Blockchain-Technologie, die das knappe und einzigartige Gut allein durch den Besitzer kontrollierbar macht. Um OVRLand zu erwerben, muss man eine Metamask-Wallet besitzen. Das Land kann nach Belieben ausgewählt werden, indem man ein Gebot abgibt, um es zu kaufen. Die Programmierung ist benutzerfreundlich und potenziell für jede Aktivität offen. Zum Beispiel kann ein Künstler eine Galerie kaufen, in der er seine Krypto-Kunstwerke ausstellen und verkaufen oder eine Eintrittsgebühr, Miete und vieles mehr verlangen kann. Man kann den OVR-Token auch auf drei verschiedene Arten einsetzen:

- Eine 15%ige Verzinsung für einen 10-Monats-Block.
- Eine jährliche Verzinsung von 5 %, die nicht an die Menge der Token gebunden ist.
- Belohnungen für das Lösen von Blockchain-Knotenpunkten.

Die möglichen Investitionen auf OVR sind unendlich groß. Es ist ein fruchtbarer Boden für aufregende Ideen und Projekte mit ununterbrochenem Wachstum und einer beträchtlichen Chance, Gewinn zu machen. Ein Projekt, das man auf jeden Fall im Auge behalten sollte und in das es sich lohnt zu investieren. Mehr Informationen findest du auf www.ovr.ai.

Republic Realm

Republic Realm ist eine Online-Investmentplattform, die 2016 dank der Zusammenarbeit der beiden Gründer Bryant Mint und Ken Nguyen das Licht der Welt erblickte. Das Unternehmen hat seinen Hauptsitz in San Francisco und New York und verfügt über ein Netzwerk von Büros in Shanghai, Moskau und Tel Aviv. Die Plattform hat Investoren aus der ganzen Welt, darunter einige der Giganten der Branche, wie z. B. Binance, Zhen Fund, Venture Capital, Passport Capital, Tribe Capital, und private Investoren. Was Republic Realm bietet, ist eine einzigartige Investitionsmöglichkeit in Immobilien. Durch die Plattform werden Investoren in die Lage versetzt, auf allen heute existierenden Metaverse zu interagieren. Die Plattform wendet die Prinzipien der realen Entwicklung an und zielt darauf ab, denkwürdige Räume zu schaffen, die Anziehungspunkte sind und sich auf die verschiedenen Metaversen konzentrieren, die die Interaktionsmöglichkeiten erhöhen. Virtuelles Land kaufen und verkaufen. Und wo? Auf Metaversen von Decentraland bis Axie Infinity über Cryptovoxels, Somnium Space, The Sandbox, und viele mehr. Das Erstellen, Veröffentlichen und Monetarisieren von NFTs wird dann in mehreren parallelen digitalen Universen über eine einzige dezentralisierte Plattform möglich sein. Dieser Investmentfonds setzt auf Exklusivität und beschränkt daher den Zugang auf 99 akkreditierte Investoren und nur auf Einladung. Der

Schwerpunkt von Republic Realm liegt auf der Schaffung einer Schnittmenge zwischen den technologischen Möglichkeiten der virtuellen Realität und der Blockchain. Als ein Investitionsfeld ohne wirkliche Grenzen, das außerordentlich formbar ist und es Marken, Unternehmen und Investoren aus aller Welt ermöglicht, eine einzigartige Gelegenheit zu nutzen, finden die Vorreiter Marken im Metaverse die Möglichkeit, ein völlig neues Kundenengagement zu stimulieren. Musiker und Krypto-Künstler, Gaming-, Lifestyle- und Hospitality-Unternehmen sowie Mode- und Verbrauchermarken sind nur einige der Hauptziele, die in diese Plattform investieren können. Nachdem wir gesehen haben, welche Investitionsmöglichkeiten es gibt und welche Türen sie öffnen, müssen wir verstehen, wie man Zugang zu ihnen erhält. Wie bereits erwähnt, kann man diese Plattform nur auf Einladung nutzen. Um in diesen Fonds eingeladen zu werden, muss man das auf der Website verfügbare Informationsformular ausfüllen und einige konkrete Fragen beantworten, die seine Akkreditierungen als Investor, das maximale Kapital, das man zu investieren beabsichtigt, und eine kurze Präsentation seines Projekts berücksichtigen. Nach Abschluss dieses Prozesses wird das Team von Republic Realm den Antrag prüfen, und man erhält dann eine Rückmeldung per E-Mail. Mehr Informationen findest du auf www.republicrealm.com.

Somnium Space

Somnium Space ist eine Open-Source-Blockchain-basierte VR-Welt, in der man seine eigenen benutzerdefinierten VR-Avatare tokenisieren kann. Diese virtuelle Welt ist durch ihren sozialen Aspekt gekennzeichnet . In der Welt kann man spielen und entspannen, Kontakte mit anderen Avataren knüpfen, verschiedene Orte besuchen und virtuelle Erfahrungen machen. Man kann Wohnungen, Häuser oder Grundstücke mieten oder kaufen, Spaß im Kino haben, den Zoo besuchen und vieles mehr. Somnium Space ist nicht nur ein Blockchain-basiertes virtuelles Spiel, sondern auch die weltweit erste virtuelle Welt mit Equity-Crowdfunding. Es ist ein neues und einzigartiges Spiel, das von Spielern gestaltet wird, die sich treffen, Kontakte knüpfen, gemeinsam an Veranstaltungen teilnehmen und Geld verdienen können. Der CEO und Gründer von Somnium Space, Artur Sychov, hat jahrelang als Investmenthändler gearbeitet, bevor er zum Serienunternehmer wurde, und hat immer fest an die Zukunft virtueller Welten geglaubt, um die menschliche Interaktion zu fördern. So schuf Sychov 2007 zusammen mit seinem fähigen Team eine Plattform, die es den Nutzern ermöglichen sollte, die virtuelle Welt zu erkunden. Über diese dezentralisierte Blockchain-Plattform können die Nutzer Augmented Reality modellieren, um Grundstücke zu kaufen oder zu verkaufen, an Veranstaltungen teilzunehmen oder sie zu organisieren. Somnium Space ist eine vollständig vernetzte Welt, die von jedem Gerät aus zugänglich ist, sogar in 2D. Das Eigentum an virtuellem Land ist jedoch immer die Grundlage der Wirtschaft der virtuellen Realität. Auf dem eigenen Land kann man in der Tat alles machen, und das Spiel erlaubt es, drei Arten von Land zu kaufen: Eine kleine Parzelle, die in der Vertikalen und Horizontalen 10 Metern entspricht. Eine mittlere Parzelle, die 25 Meter hoch und breit ist. Und eine große Parzelle, die in der oberen Ausdehnung ebenfalls 50 Meter beträgt. Jedes Terrain kann vergrößert werden, und zusätzliche Ressourcen können direkt im Shop erworben werden. Die Anpassungsmöglichkeiten sind unbegrenzt, und nachdem man sein Land bebaut hat, kann man es verkaufen und es zu Geld machen, wenn man das möchte.

Einerseits ermöglicht die Blockchain den Besitz von Grundstücken und Vermögenswerten, andererseits ist es möglich, die Konfiguration des eigenen Layouts anzupassen, Informationen über den eigenen Avatar aufzuzeichnen, alles zu bauen, was der Nutzer möchte, seine Erfahrung zu programmieren und damit Geld zu verdienen. Somnium Space ist eine völlig immersive Welt, in der sich auch das Wetter täglich ändert. Wenn es sonnig ist, werfen die von den Nutzern errichteten Gebäude ihre Schatten auf die Umgebung. All dies dient dazu, die Sinne des Körpers zu wecken und die Bindung zwischen den Avataren zu stärken. Wie in der realen Welt können die Nutzer auch Eigentümer des Grundstücks sein. Auf der Grundlage der Blockchain können die Nutzer von Somnium Space Grundstücke erwerben, auf denen sie bauen können, was sie wollen. Und genau wie im echten Leben sind Grundstücke in der Innenstadt aufgrund ihrer Attraktivität teurer. Darüber hinaus hat das Team eine voll funktionsfähige Welt entwickelt, in der es viele Veranstaltungen, Begegnungen und Orte zu entdecken gibt. Man kann an Live-Konzerten, Bildungskonferenzen und Sportwettkämpfen teilnehmen oder einfach nur im Park sitzen und den Vögeln beim Vorbeifliegen zusehen.Die virtuelle Währung in dieser Welt heißt Cube. Jeder NFT kann innerhalb der Plattform verwendet und zum Beispiel in der Galerie platziert werden, so dass jeder seine Kreationen sofort zu Geld machen kann. Somnium Space ist eine der Plattformen, die es dem Sektor der virtuellen Immobilien ermöglicht haben, einen Quantensprung zu machen und zu Recht zu den ersten Adressen für Investoren und Unternehmer aus aller Welt zu gehören. Mehr Informationen findest du auf www.somniumspace.com.

DIE NFT-MUSIKWELT EINFACH ERKLÄRT

Kryptomusik wird immer interessanter und es fängt gerade erst an. Der epochale Durchbruch, der mit NFTs verbunden ist, besteht darin, ein virtuoses Ökosystem zu schaffen, in dem Künstler eine fairere Bezahlung als über Streaming-Plattformen sowie eine größere Transparenz bei den Tantiemen erhalten können. Die Ausschaltung von Zwischenhändlern wird durch intelligente Verträge und die Dezentralisierung der Blockchain ermöglicht. Viele Künstler nutzen auch die neuen Blockchain-Streaming-Plattformen und NFTs, um die Musik näher an eine direkte Beziehung zu den Fans zu bringen, die durch die extreme Digitalisierung anscheinend seltener geworden ist. Ein unmittelbarerer Weg, den Innovationsumfang von NFTs im Bereich der Musik zu verstehen, betrifft die Möglichkeit, virtuelle Vermögenswerte in reale umzuwandeln, zum Beispiel für den Verkauf von Eintrittskarten für Veranstaltungen. Auf diese Weise könnte der Zugang reguliert werden, während die Kosten für den elektronischen Kartenverkauf gesenkt und Zwischenhändler eliminiert werden könnten. Der Vertrieb würde direkt erfolgen und die Einnahmen wären für Arenen, Stadien, Veranstaltungsorte, Techniker und Künstler gerechter. Darüber hinaus rationalisiert der digitale Kartenverkauf die Menschenmassen, und NFTs könnten Zugang zu vielen damit verbundenen Vorteilen bieten, wie z. B. die Teilnahme an virtuellen Veranstaltungen durch die Bekämpfung des illegalen sekundären Kartenverkaufs über Smart Contracts und die Blockchain. Dieses Problem betrifft viele Großveranstaltungen. Der Wert von NFTs betrifft vor allem Musikfans, denn der Wert eines Vermögenswertes entsteht durch den sozialen Wert, den die Menschen ihm beimessen. In der Tat begehren Menschen Objekte, Erlebnisse oder andere Dinge nicht wegen des Gefühls, das sie erzeugen, sondern wegen des Wunsches, den sie befriedigen. Und Begehren schafft subjektiven Wert. Je mehr die Gemeinschaft diese Art von Eigentum akzeptiert, desto wertvoller werden die NFTs. Zu sagen, dass man einen Teil eines beliebten Liedes besitzt, ist eine einzigartige Gelegenheit, von der viele Menschen träumen. Und plötzlich wird dies durch NFTs zur Realität. Der Aufstieg der Krypto-Musik könnte den Urhebern zugute kommen. Eine gerechte Verteilung der Einnahmen wird die Probleme der Musikindustrie lösen und die Art und Weise, wie Musik konsumiert wird, verändern.

Obwohl dies in gewisser Weise stimmt, ist es nicht unbedingt so einfach. Einige glauben, dass NFTs das neue Influencer-Marketing Tool sind. Aber das Publikum ist entscheidend, damit die Nachfrage entsteht. Vielen aufstrebenden Künstlern, die gute Musik machen können, fehlt das richtige Publikum, um den

Durchbruch zu schaffen und die Zahlen von Künstlern wie Grimes oder Kings of Leon zu erreichen. Sobald sich das Publikum in Fans verwandelt hat, können die Vorteile von NFTs genutzt werden, und die Technologie kann zum Mainstream werden. Bevor man NFT-Musik als Weg zur Demokratisierung der Musik anpreist, sollte man sich überlegen, wie ein Künstler seine Krypto-Musik erstellen und verkaufen kann. Diejenigen, die diese Technologie nutzen, sind in der Regel bereits bekannte Musikkünstler, und die Zahlen, die sie erreichen können, erscheinen eher elitär als demokratisch. Sicherlich können NFTs in der Musikindustrie einen Wandel in der Art und Weise bewirken, wie Musik konsumiert wird, und eine nachhaltigere Verdienstmöglichkeit für Künstler, Produzenten und Arbeiter schaffen. Die Öffentlichkeit ist an diesem Wandel ebenso beteiligt wie die Musikindustrie, die seit jeher gegen Urheberrechtsverletzungen kämpft. Wenn wir die Leistungsfähigkeit der Märkte und die bloßen Fragen von Angebot und Nachfrage einmal beiseite lassen, können wir feststellen, dass in jedem kreativen Sektor die Popularität die Grundlage für die größten Verdienstmöglichkeiten ist. Dies ist eine direkt proportionale mathematische Regel. Wir können also nicht sagen, dass NFTs für bereits berühmte oder aufstrebende Künstler keine brauchbare Option sind, denn das wäre falsch. Auch wenn NFTs den Bekanntheitsgrad einer kleinen Band oder eines unabhängigen und unbekannten Künstlers nicht erhöhen, können sie doch dafür sorgen, dass ihr Name noch weiter verbreitet wird. So könnten sie sich in einen Kreislauf einfügen, der von Innovationen, Experimenten und Menschen gespeist wird, die wirklich an Musik und an einer Veränderung der Art und Weise, wie wir sie hören, interessiert sind. Wir haben jetzt die Möglichkeit, die Art und Weise, wie Musik produziert, vertrieben und konsumiert wird, grundlegend zu verändern, bis wir die Möglichkeiten nutzen können, die die neue Blockchain-Technologie eröffnet, um mit neuen Formen des Musikbesitzes zu experimentieren. Ein Beispiel für dieses Experimentieren könnte programmierbare Kunst sein, die von der Idee abgeleitet ist, dass diejenigen, die einen Teil eines Werks in NFTs kaufen, den Inhalt dieses Teils ändern können, wenn sie dies wünschen. Dies würde den NFTs eine wertvollere Rolle verleihen, die sich von der reinen Investition entfernt. Sie könnten als Kunst anerkannt werden, die mit den Augen einer Gemeinschaft gesehen wird, die sie durch mehrere Eigenschaften direkt beeinflussen kann, wie eine Art von Chormusik. NFTs schaffen mit Sicherheit ein besseres System, ein Ökosystem, das auf dem Musikmarkt Werte schafft. Dennoch ist es wahr, dass wir immer noch eine größere soziale Akzeptanz brauchen, eine Bewegung von Menschen, Künstlern, Plattenfirmen und Majors. Wenn alle Beteiligten an einem Strang ziehen, werden NFTs letztlich einen Mehrwert für das System schaffen. Wenn jedoch einer von ihnen ins Wanken gerät, wird das System nicht die Barrieren niederreißen, von denen wir heute hoffen, dass sie sich auflösen können.

Aufstrebende Künstler, die Krypto-Musik machen wollen, sollten wissen, dass sie in dem Moment, in dem sie ihre Songs tokenisieren, die von ihnen erstellten NFTs auf einem der großen Marktplätze zum Verkauf anbieten können. Der Verkauf der NFTs eines Liedes bedeutet jedoch nicht, dass derjenige, der sie kauft, alle Rechte an dem Lied erwirbt, sofern nicht anders angegeben. Was zum Verkauf angeboten wird, ist in Wirklichkeit eine limitierte Auflage des NFTs oder eine Version davon. Wer kauft, besitzt also ein virtuelles und begrenztes Gut, an dem er der rechtmäßige Urheber Eigentümer ist. Der Diskurs ist dem Verkauf von CDs oder Vinyl sehr ähnlich. Der Künstler entscheidet, wie viele Kopien des Songs in NFTs zum Verkauf angeboten werden, je nachdem, welche Knappheit er erzeugen möchte.

NFTs mögen wie eine großartige Einnahmequelle für Ruhm und Reichtum erscheinen, aber sie sollten auch als ein Werkzeug im Repertoire eines Künstlers angesehen werden, ein Werkzeug, um etwas zu sagen, etwas zu tun und einen Standpunkt einzunehmen. NFTs werden nicht die Karriere eines Künstlers begründen oder ihn reich machen. Die wichtigste Perspektive, um mit NFTs erfolgreich zu sein, besteht darin, die NFTs zu vergessen. Wenn man ein aufstrebender

Künstler ist und noch hart daran arbeiten, einfach nur Zuhörer zu erreichen, den Bekanntheitsgrad zu steigern und eine bescheidene Fangemeinde aufzubauen, sollte man sich auf andere Dinge konzentrieren. Ein einzelnes NFT schafft zum Beispiel keine Nachfrage beim Publikum, und wenn ein Künstler etwas Einzigartiges schafft, ist es von Vorteil, wenn er es an so viele Menschen wie möglich verteilt. Danach wird es möglich sein, einen Haufen einzelner Tracks zu erstellen, die sich nur wenige Leute anhören können. Das Zielpublikum ist bedeutend, und mit dem Verkauf von NFTs kann man oft ein anderes Publikum einfangen, das nicht nur aus echten Fans, sondern auch aus Sammlern und Investoren besteht. Wenn man als Musiker im NFT-Bereich erfolgreich sein will, stellen sich folgende Fragen:

Verkaufe ich eine Single oder ein Album?

Im Grunde genommen kann ein Künstler durchaus einen Titel oder ein ganzes Album tokenisieren, je nachdem, was er für am attraktivsten hält. Verkauft man Versionen von Titeln in limitierter Auflage, auch wenn diese bereits als Stream verfügbar sind? Der Wert von NFTs liegt in der Einzigartigkeit des Assets, also kann man auch eine alternative Version eines Songs verkaufen, die gestreamt werden kann. Man könnte die Verkäufe dieser Version in Form von NFTs auch als Werbung für seine Musik im Allgemeinen und für seinen

Weg zum Ruhm nutzen.

Verkaufe ich die Veröffentlichungsrechte an meinem Album oder meiner Single?

Wenn man ein unabhängiger Künstler ist, könnte dies eine interessante Option sein, da man auf diese Weise jemanden finden kann, der sich besonders für die eigene Musik interessiert und in einen investieren möchte. Man könnte auch beschließen, einen bestimmten Prozentsatz der Rechte zum Verkauf anzubieten und ihn auf mehrere Verkäufe aufzuteilen. Es könnte eine vorteilhafte Idee sein, einen Teil der Rechte an den Songs zu verkaufen. Auf diese Weise erhält der Künstler sofortige Liquidität und bleibt Eigentümer eines Teils der Rechte, während der Käufer seinen Umsatz steigern kann, je nachdem, wie oft der Song gehört oder verwendet wird. Dies ist eine sehr praktische Lösung für ein Problem, das viele Musikstars betrifft, die ihren gesamte Palette an ein großes Label verkauft haben. Auf diese Weise bleibt man Eigentümer seiner Kreationen und der Käufer investiert in die eigenen Werke.

Sollte ich Merchandising-Artikel verkaufen?

Die Verwendung von NFTs für den Verkauf von Merchandise-Artikeln im Zusammenhang mit der eigenen Musik ist interessant, denn auf diese Weise helfen einem die Fans, Geld für die Musik zu sammeln, indem sie einen virtuellen Gegenstand erhalten, den sie wiedererkennen und auf anderen Krypto-Plattformen vorzeigen können.

Sollte ich online Auftritte anbieten?

Man könnte in Erwägung ziehen, eine Live-Aufnahme eines Auftritts zu machen und den Kauf von NFTs für diesen Inhalt zu ermöglichen. Den Erlös könnte man dann in die Erstellung des Albums investieren.

Sollte ich spezielle Tickets verkaufen?

Man könnte NFTs beispielsweise nutzen, um so genannte "goldene Tickets" zu verkaufen, um Fans Zugang zu außergewöhnlichen Gelegenheiten zu verschaffen, zum Beispiel Backstage-Besuche (möglichweise auch online?), erstmalige Konzertplätze für eine begrenzte Zeit, exklusive Live-Auftritte und mehr. Je nach Verfügbarkeit, Berühmtheit und Kreativität des Künstlers kann eine gut strukturierte Initiative ein interessiertes Publikum anziehen.

Sollte ich mit einem Krypto-Künstler zusammenarbeiten?

Schriftarten, Farben und Bilder sind von grundlegender Bedeutung für den Erfolg des Verkaufs eines NFTs, auch wenn es sich um Musik handelt, da der grafische Aspekt in diesem Bereich sehr wichtig ist. Wenn das nicht deine Stärke ist, sollte man sich jemanden aus der Welt der Kryptokunst, der mit der eigenen Musik in

Verbindung steht, suchen. Man könnte ein Werk für ihn schaffen, das mit seiner Kunst korreliert und der eigenen Karriere auf die Sprünge hilft. Das Visuelle lockt die Leute zunächst auf die Plattform.

Sollte ich Merchandising-Artikel verkaufen?

Die Verwendung von NFTs für den Verkauf von Merchandise-Artikeln im Zusammenhang mit der eigenen Musik ist interessant, denn auf diese Weise helfen einem die Fans, Geld für die Musik zu sammeln, indem sie einen virtuellen Gegenstand erhalten, den sie wiedererkennen und auf anderen Krypto-Plattformen vorzeigen können.

Die besten NFT-Musik Projekte

Mike Shinoda

Linkin Park-Frontmann Mike Shinoda hat als erster Musiker und Künstler eines Major-Labels einen 75-sekündigen Teaser für die neue Single "Happy Endings" mit Iann Dior und UPSAHL in Zusammenarbeit mit dem Künstler Cain Caser veröffentlicht. Shinoda bot zehn Exemplare des Clips zur Single an, die seine Fans über eine NFT-Auktion ersteigern konnten. Der gesamte Erlös aus der Auktion wurde für das Michael K. Shinoda Endowed Scholarship am Arts Center College of Design in Pasadena, Kalifornien, gespendet. Der Fonds, den Shinoda selbst gegründet hat, ist angehenden Kunststudenten im Bereich Grafikdesign und/oder Illustration gewidmet und basiert auf finanzieller Bedürftigkeit und künstlerischem Verdienst. Die Gewinner der NFT-Auktion erhielten außerdem einen Druck des Covers von "Happy Endings", der von Shinoda und Cain Caser, die es gemeinsam entworfen haben, signiert ist. Auf diese Weise wollte Shinoda wieder mit seinem Publikum in Kontakt treten. Obwohl dieses Publikum in Bezug auf das Streaming immer weiter entfernt zu sein scheint, ist es Shinoda gelungen, eine starke Online-Gemeinschaft von Menschen zu schaffen, die ihm auf sozialen Plattformen, einschließlich seines Twitch-Kanals, folgen.

Kings of Lion

Die 1999 gegründete amerikanische Band besteht aus den Followill-Brüdern: Colin, Ivan Nathan und Michael Jared sowie ihrem Cousin Matthew. Die berühmte Rock-, Blues- und Südstaaten-Band hat sich gut vier Jahre Zeit genommen, um ihr letztes Album "When You See Yourself" zu schreiben und es dann in einer tokenisierten NFT-Form auf der OpenSea-Plattform zum Verkauf anzubieten. Das Album erzielte in den ersten fünf Tagen mindestens 1,4 Millionen Dollar oder 820 Ether und in den ersten zwei Wochen über 2 Millionen Dollar. Der Erlös aus dem Verkauf, der am 20. März 2021 endete, wurde an den Crew Nation Fund gespendet, um von der Pandemie betroffene Live-Musikbands zu unterstützen. Alle nicht verkauften NFTs wurden verbrannt, um die Knappheit zu erhöhen. Dies kam der Band in vielerlei Hinsicht zugute. Erstens hat es ihre Popularität gesteigert und ihnen ein neues Publikum erschlossen, das ebenfalls am Kauf von goldenen oder NFT-Tickets interessiert ist, mit denen die Fans einzigartige Erlebnisse genießen können, darunter: Vier Tickets für ein Konzert auf Lebenszeit in der ersten Reihe pro Tour; Live-Meet-and-Greets mit der Band, tourbezogene Gadgets, Transport zu den Shows, Backstage-Besuche und vieles mehr.

MF DOOM

Die charakteristischen Masken des berühmten Rappers, der am 31. Oktober 2020 verstarb, sind in Form von NFTs in limitierter Auflage im Handel erhältlich. Die in Zusammenarbeit mit Rhymesayers Entertainment und MF DOOMs Frau Jasmine organisierte Auktion bietet NFT-Sammlern eine weitere Chance, ein Stück digitale Geschichte zu besitzen. Sammler können auf eine Auswahl von MF DOOMs signierten AR-Masken in limitierter Auflage bieten, wobei 10 % des Gesamtumsatzes als eine Art Tantieme an MF DOOMs Besitz zurückfließen, zusätzlich zu den individuellen Spenden der derzeitigen Maskenbesitzer. Die Auktion begann am 11. März und dauerte 24 Stunden. Jede der signierten Masken wurde zwischen 95.000 und 450.0000 in Ethereum auf dem NFT Illust Space Marktplatz verkauft. Dieser Marktplatz ermöglicht es Sammlern und Künstlern, ihre Kunst in der realen Welt mit Hilfe von Geo-Placement und Web AR zu präsentieren. MF DOOM-Masken können also technisch gesehen mit Hilfe der Gesichtserkennungsbibliothek auf der Ilust Space-Website getragen werden. Dies ist bereits die zweite Ausgabe dieser Masken. Die für den NFT-Verkauf zur Verfügung gestellten Editionen waren die Black Sludge Mask (9.500 ETH), die Green Metal Mask (101.000 ETH), die Sludge Mask (200.000 ETH) und die Mummy Mask (450.000 ETH).

3LAU

Der weltbekannte Musiker und Blockchain-Influencer 3LAU startete am 26. Februar 2021 auf der DShop-Plattform des Origin-Protokolls eine NFT-Auktion, die von der NFT-Community mit Spannung erwartet wurde. Die Auktion dauerte zwei Tage und endete am 28. Februar, wobei das höchste Gebot in einer einzelnen NFT-Auktion verzeichnet wurde. Das Projekt trägt den Namen "Ultraviolet Vinyl NFT Collection" und wurde anlässlich der Veröffentlichung seines dritten Albums ins Leben gerufen. 3LAU ist der Künstlername von Justin Blau, einem weltbekannten Musiker und Produzenten, der über 1 Milliarde Streams auf Spotify, Soundcloud, YouTube und anderen Streaming-Plattformen erreicht hat. Darüber hinaus ist Blau ein talentierter Trader, ein früher Nutzer von Kryptowährungen und ein offener Verfechter der Musik-Tokenisierung. Blau verkaufte über 30 NFTs auf dem Dshop von Origin Protocol, einem dezentralen Marktplatz, der auf dem InterPlanetary Filing System (IPFS) und Ethereum basiert. Origin ermöglicht einen Shared-Economy-Marktplatz, der es Entwicklern und Unternehmen erlaubt, dezentrale Marktplätze auf der Blockchain aufzubauen.

Belave

Die Band von Devon Welsh hat einen Rekord aufgestellt: Sie ist die erste Band, die ihr Album als NFT verkauft hat - 36 Stunden vor Kings of Leon. Damit ist die Band aus Montreal tatsächlich die erste Band, die ein Album in Kryptowährung veröffentlicht hat. Die Gruppe besteht aus Devon Welsh und Matthew E. Duffy. Das Duo veröffentlichte das Album "Does the Bird Fly over Your Head?" im September 2020 und stellte es auf Zora.co in einem NFT-Format zur Verfügung. Das dritte Album der Band schlug Kings of Leon um 36 Stunden, indem es per Tweet den Spitzenplatz eroberte.

Clarian

Auf OpenSea wurde nicht nur das Album "Whale Shark" von Clarian verkauft, sondern auch dessen Rechte und Veröffentlichung. Es handelt sich also um eine neue Art, Geschäfte zu machen, insbesondere für unabhängige Musiker, die Artikel verkaufen können, die mit dem Song zusammenhängen, einschließlich Veröffentlichung und Copyright. Das 12-Track-Album kann gestreamt und gekauft werden, aber diejenigen, die die NFTs gekauft haben, werden für immer die alleinigen Eigentümer der Album-Master und der Veröffentlichungsrechte sein. Sie erhielten Kopien der Songs, wurden aber gleichzeitig Eigentümer des Albums, als wären sie das Label oder der Künstler. Es handelt sich also eher um eine Investition als um den Kauf von Kryptowährungen in der Hoffnung, sie weiterverkaufen zu können, da die Käufer durch den Besitz dieser Dateien tatsächliche Einnahmen erzielen werden. Der Besitzer ist auch der rechtmäßige Eigentümer und Verwahrer der Inhalte und kann mit ihnen machen, was er will, und das alles bei einem Basisbetrag von 100 ETH.

Elon Musk

Ja, Elon Musk schuf einen Techno-Track über NFTs und scherzte darüber, ihn in Form von NFTs zum Verkauf anzubieten, auch wenn das nicht der Fall war. In der Videoschleife war eine Trophäe mit der Aufschrift "Vanity Trophy" zu sehen, die leuchtend um die Kugel kreiste. Musk ist ein großer Befürworter von Bitcoin und NFTs, so sehr, dass Tesla sogar 1,5 Milliarden Dollar in Kryptowährungen investiert hat. Seine Provokation ist sicherlich nicht unbemerkt geblieben.

Grimes

Grimes trat in das NFT-Rennen ein und verkaufte sofort Kunst im Wert von mindestens 6 Millionen Dollar. Ihr Verdienst als Singer-Songwriterin ist es, hohe Konzepte so zu vermitteln, dass sie sich jeder leisten kann. Eine Serie von 10 Stücken, von denen einige einzigartig und andere in Tausenden von Exemplaren erhältlich sind, wurde am 28. Februar auf Nifty Gateway zum Verkauf angeboten. Das meistverkaufte Stück war ein einzigartiges Video mit dem Titel "Death of the Old", auf dem fliegende Putten, ein Kreuz, ein Schwert und ein leuchtendes Licht zu einem Originalsong von Grimes zu sehen sind. Der erfolgreiche Bieter erwarb es für fast 389.000 Dollar. Claire Boucher begann 2007 mit dem Musizieren. Sie ist nicht nur eine Musikerin, sondern auch eine Künstlerin, die viel zu erzählen und zu zeigen hat.

Ja Rule

Der Rapper Ja Rule trat in den NFT-Markt ein, indem er sein Ölgemälde zum Verkauf anbot, das vom Fyre Festival inspiriert war, das 2017 zu einer sechsjährigen Haftstrafe für den Mitbegründer Billy McFarland führte. Das Musikfestival sollte zwei Wochen lang, von April bis Mai 2017, auf der bahamaischen Insel Great Exuma stattfinden, war aber von zahlreichen Störungen geprägt, die zu seiner vorzeitigen Schließung führten. Das von Tripp Derrick Barnes geschaffene Gemälde wurde auf der Flipkick NFT Exchange Plattform verkauft. Es besteht aus einer Flamme auf schwarzem Hintergrund. Das Gemälde wurde zuvor im ehemaligen Hauptquartier von Fyre Media in New York City ausgestellt, bevor es in die Residenz des Rappers in New Jersey gebracht wurde. Der Wert des Gemäldes wird mit 600.000 Dollar angegeben, und die Auktion begann am 17. März. Wer dieses NFT kauft, erwirbt ein Stück moderner Musikgeschichte.

Jacques Greene

Der verkaufte Song des Musikers Jacques Greene trägt den Titel "Promise". Die Single war als NFT-Version auf dem Kryptowährungsmarktplatz Foundation erhältlich. Was Greene jedoch verkauft hat, sind die Veröffentlichungsrechte an seinem neuen Song in einer Auktion, die am 23. Februar für 13 ETH oder 34.880 Dollar geschlossen wurde. Greene sagte, er wolle sich auf diese Weise ganz von den alten Systemen lösen. Infolgedessen hat der kanadische Künstler das Stück nicht in seiner Gesamtheit veröffentlicht, sondern es geschafft, die Veröffentlichungsrechte für die spätere Veröffentlichung des Liedes zu verkaufen, für immer.

Tory Lanez

Zusammen mit dem Künstler Bondly Finance, der zahlreiche Platin-Schallplatten gewonnen hat, hat Tory Lanez drei unveröffentlichte Tracks aus seinem neuen Album "Playboy" in NFTs veröffentlicht. Tory ist damit der berühmteste Künstler, der seine Songs vor der Veröffentlichung des Albums in NFTs veröffentlicht. Der in Kanada geborene Independent-Sänger und Songwriter wollte dem seiner Meinung nach größten Album seiner Karriere eine besondere Note verleihen, indem er seinen Fans die Möglichkeit gab, unveröffentlichte Songs vor der Veröffentlichung des Albums zu hören. Die drei limitierten NFTs, die er verkauft hat, sind mit unveröffentlichten Tracks gepaart, von denen zwei auf dem "Playboy"-Album zu hören sind, während der letzte Track eine unveröffentlichte Platte aus dem kommenden 80er-Jahre-Album ist, das noch nicht angekündigt wurde. Das Tory Lanez NFTs hat: Mehr als 400.000 Dollar an Erst- und Wiederverkäufen generiert; wurde von mehr als 300 Fans des Künstlers gesammelt, von denen jeder ein Kunstwerk mit einem der drei Tracks, darunter "Lady of Neptune", "Distance" und "YDLR", gekauft hat. Unter denjenigen, die die NFTs gesammelt haben, werden einige auch die Möglichkeit haben, sich virtuell mit Lanez selbst zu treffen, der sich um seine Fans kümmern wollte, indem er die Kluft zwischen Zugänglichkeit und Künstlern überbrückte.

Phonogram

Phonogram ist ein Projekt, das 2021 dank der Idee von Lucas Mayer, einem der Gründer von DaHouse Audio, und Janara Lopes, Gründerin von IdeaFixa, ins Leben gerufen wurde. Dieses Projekt ist der erste Musik-NFT-Service in Lateinamerika und ermöglicht es Fans und Unternehmern, Anteile an einem Song in Form von NFTs zu kaufen. Auf diese Weise erhalten sowohl der Künstler als auch der neue Besitzer Tantiemen, und wer möchte, kann die Musik, die er am meisten liebt, unterstützen. Die Idee, die Mayer und Lopes verfolgen, ist die Demokratisierung der Musikindustrie mit der Möglichkeit für diejenigen, die nicht über große Geldsummen verfügen, durch NFTs, die Bruchteile von Tantiemen enthalten, in den Markt zu investieren und den Musikern das Recht zurückzugeben, in kurzer Zeit über

Liquidität zu verfügen und ihre Rechte als Urheber anerkannt zu bekommen. Durch die Eliminierung von Zwischenhändlern zielt Phonogram darauf ab: Künstler und Fans spontan und direkt zu verbinden; Investoren zu ermöglichen, klare und präzise Verträge zu schließen und Künstler mit einer gerechten Verteilung der Tantiemen zu entschädigen. Dieses Projekt ermöglicht es denjenigen, die einen Teil der Tantiemen eines Liedes erwerben, zu wählen, wie sie entlohnt werden wollen, ob in brasilianischer Fiat- oder Kryptowährung. Anwesend bei der Markteinführung war André Abujamra, Autor der Soundtracks von über 70 brasilianischen Filmen, darunter einige internationale Erfolge.

Blockpool

Blockpool wurde von Ken Foster in England gegründet und hat seinen Sitz in London. Diese Plattform erstellt maßgeschneiderte Blockchain-Codes und Smart Contracts für Musikkünstler. Sie ermöglicht es der Musikindustrie, geistige Eigentumsrechte und Nutzungslizenzen perfekt zu verfolgen. Das Unternehmen implementiert Blockchain in den Prozessen von Vertrieb, Management und Produktion. Dieses Unternehmen wurde plötzlich sehr berühmt, als die internationale Künstlerin Bjork sich entschied, die Protokolle des Unternehmens zu nutzen, um die Veröffentlichung ihres Albums Utopia zu verwalten.

Open Music Initiative

Die Open Music Initiative wurde 2016 vom Berklee College of Music Institute for Creative Entrepreneurship und den Unternehmern Michael Hendrix, Dan Harple und Sonicbids sowie dem Gründer Panos Panay in Zusammenarbeit mit dem MIT und dem University College London ins Leben gerufen und gestartet. Bislang wurde das Projekt von Streaming-Diensten wie Alibaba, Spotify, YouTube, Pandora Radio, Red Bull Media, Netflix und Soundcloud sowie von über 200 Mitgliedern, Plattenfirmen wie Universal, Warner und Sony, Investoren und digitalen Pionieren unterstützt. Erklärtes Ziel des Projekts ist es, mit den NFT-Standards einen Open-Source-Standard zu schaffen, der eine faire Verbreitung der Rechte gewährleistet und Systeminnovationen ermöglicht. Die Vereinfachung und Modernisierung der Zahlung von Tantiemen an die Urheber von Inhalten ist das zentrale Thema der IMO-Forschungsarbeit, die mithilfe der NFT-Blockchain-Technologie durchgeführt werden soll.

Smackathon

Dieses Projekt besteht aus einem jährlichen Wettbewerb für innovative Ideen in der Welt der Musik. Alle eingereichten Projekte müssen auf der Blockchain-Technologie von Ethereum basieren. Die in Miami, Florida, gegründete Plattform bietet die Möglichkeit, an verschiedenen innovativen Projekten teilzunehmen, wie zum

Beispiel Spiele zur Erstellung von Musik auf der Blockchain. Die Teilnehmer können zusammenarbeiten, indem sie Songs nach vorgegebenen Regeln zusammenstellen und mischen. Projekte zur Erstellung von Wiedergabelisten oder Veranstaltungen unter Einbeziehung der Blockchain und Smart Contracts für Tantiemenzahlungen. Die Umwandlung eines Songs in NFTs, um das Urheberrecht gewinnbringend zu repräsentieren, so dass die non-fungiblen Token frei gehandelt werden können und Tantiemen ohne Vermittler gezahlt werden können. Hinter der Schaffung und Konzeption dieses Projekts steht der weltweit bekannte Produzent und Sänger Pitbull. Das Ziel des Künstlers ist es, einen gemeinsamen Raum der Ideen zu schaffen, in dem die Arbeit von digitalen Unternehmern und Musikkünstlern präsentiert wird. Seit 2019 findet jedes Jahr ein digitales Festival statt, bei dem die besten Ideen prämiert und umgesetzt werden.

DIE BESTEN NFT-MUSIKMARKTPLÄTZE

OneOf

OneOf, eine neue NFT-Plattform für Musikkünstler und ihre Fans, versucht die Produktion von NFTs für Künstler kostenlos zu machen. Leider sind nicht alle NFT-Plattformen für Anfänger zugänglich, oft wegen der erheblichen Kosten oder der Bewertung beim Einstieg. Außerdem können die eigenen NFTs leicht im großen Meer der bestehenden in der Versenkung verschwinden. Deshalb hat OneOf ein so großes Potenzial für Künstler und Musikfans. OneOf wurde von dem legendären Plattenproduzenten Quincy Jones, dem Tech-Unternehmer Lin Dai, dem Manager für digitale Medien Joshua James und dem Musikindustrie-Veteranen Adam Fell in Partnerschaft mit Quincy Jones Productions gegründet. Weltbekannte Künstler wie Whitney Houston, TLC, Doja Cat, John Legend, HER, Jacob Collier und viele andere bereiten bereits Kollektionen vor, die auf OneOf verkauft werden sollen. OneOf hat gerade eine Finanzierung in Höhe von 63 Millionen Dollar erhalten. Die Idee des Teams hinter OneOf ist es, Musikern aller Niveaus durch die Verwendung von NFTs zu helfen und sie für alle ihre Fans zugänglich zu machen. Deshalb muss der Kauf eines NFT so einfach sein, dass sowohl ein Kind als auch ein Mann über 50 es nutzen kann. Um die Plattform global zugänglicher zu machen, akzeptiert OneOf sowohl Kreditkartenzahlungen als auch Kryptowährungen. Auf diese Weise werden viele in der Lage sein, an alte Sammlungen heranzukommen, auch wenn man keine Wallet hat. Künstler können es sich dann leisten, ein NFT für 1 Dollar zu verkaufen, aber auch für eine Million Dollar. Das spielt keine Rolle. Das Ergebnis ist eine echte Demokratisierung des NFT-Konzepts, das sich vom Investitionspotenzial wegbewegt und zu einem wertvollen Instrument wird, um andere Branchen zu verändern und dem Publikum neue und innovative Erfahrungen zu bieten. Darüber hinaus ist die Plattform so inklusiv, dass sie für die gesamte Musik-Community entwickelt wurde - ein perfekter Weg, um die Blockchain-Technologie zur Demokratisierung von Eigentum zu nutzen. Mehr Informationen findest du auf www.oneof.com.

XLR8R

XLR8R startet eine dezentralisierte Plattform, die als Marktplatz für elektronische Musik in NFTs dient. XLR8R unterstützt seit über 27 Jahren unabhängige Künstler und die breitere Gemeinschaft der elektronischen Musik. Die Idee der Plattform ist es, durch die Verbreitung von kostengünstigen NFTs mit geringem Stromverbrauch den Wert von Musik und Kunst wiederherzustellen, der durch zentralisierte Streaming-Plattformen, die die Künstler nicht mit angemessenen Tantiemen bezahlen, oder durch diejenigen, die in der Musikindustrie arbeiten, ausgehöhlt wurde. Die Möglichkeit für Künstler, mit ihren Fans in Kontakt zu treten und, was noch wichtiger ist, ihre Arbeit zu Geld zu machen, hat bereits viele Nutzer und Urheber angezogen, auch weil die Künstler bei jedem Weiterverkauf eines NFT eine Lizenzgebühr erhalten. Auf der Plattform sind sowohl physische als auch virtuelle Produkte erhältlich, ebenso wie audiovisuelle Tracks und Show-Aufzeichnungen. Mehr Informationen findest du auf www.xlr8r.com.

MMP

Ausgehend von dem Grundsatz, dass NFTs kleine und unabhängige Musiker retten können, hat "The Musician Marketplace" (MMP) die Möglichkeit geschaffen, Musik in Bitcoin und anderen Kryptowährungen zu kaufen und zu verkaufen. Auf dem MMP kann man in der Tat Originalmusik verkaufen und kaufen, einen Künstler anheuern, Repertoiremusik verkaufen und kaufen, um das einzigartige Erlebnis zu erleben, Originalmusik zu hören, die von echten Künstlern komponiert wurde. Die Möglichkeit, Musik in NFTs zu tokenisieren, ist eine einmalige Erfahrung, die durch Etherscan ermöglicht wird. Das Unternehmen steht seit Jahren an vorderster Front, wenn es darum geht, Musikern zu helfen, ihre Musik, Musikdienste und Produkte weltweit zu verkaufen. Auf der anderen Seite fungiert die Plattform als Zusammenschluss von Unternehmen und Agenturen, um seltene und originale Stock Music zu finden. The Musician Marketplace wurde 2018 in Washington DC gegründet, als der Musiker Ramy Adly den norwegischen Produzenten David Tollis beauftragte, Stairway to Heaven zu reproduzieren. Die nachgespielte Version erreichte schnell Hunderttausende von Aufrufen. Ramy Adly ist ein amerikanischer Produktmanager, Musiker und Unternehmer, der an der Harvard Business School ein Online-Zertifikatsprogramm in alternativen Investments absolviert hat. Musiker gehören zu den ersten, die an die Zukunft und die Technologie glauben. Der Tokenisierungsdienst von MMP hat eine Provision von Null Prozent. Der Kauf auf der Plattform ist sehr einfach: Man schaut sich einfach die vorgestellten Musiker an und entscheidet, ob man einen engagieren oder eine Dienstleistung über eine sichere Zahlung kaufen möchten. Darüber hinaus stellt MMP Rechnungen für einen Steuerabzug sowie kostenlose Verträge für die Garantie und den Schutz der Rechte aus. Das Verkaufen auf The Musician Marketplace ist ebenso einfach: Man kann ein Sample seiner Musik hinzufügen, um seinen Namen bekannt zu machen, damit Kunden einen auswählen können. Sobald man seine Dienste eingestellt hat, tritt man in direkten Kontakt mit Kunden, Agenturen und Musikern. Auf diese Weise gibt die Plattform aufstrebenden Künstlern Raum und ermöglicht es jedem, sich einen Namen zu machen. Darüber hinaus fängt The Musician Marketplace durch den Verkauf von NFTs eine neue Art von Kunden auf, die es gewohnt sind, virtuelle Güter zu kaufen und mit

Kryptowährung vertraut sind. Mehr Informationen findest du auf www.themusicianmarketplace.com.

Audius

Audius ist eine Streaming-Plattform, die von Roneil Rumburg und Forrest Browing gegründet wurde. Ersterer ist ein Stanford-Absolvent und Mitbegründer von Backlash, einer Blockchain-basierten Peer-to-Peer-Zahlungsplattform, und ist auch für Investitionen in zahlreiche Unternehmen verantwortlich. Letzterer wurde in die Forbes-Liste der 30 unter 30 aufgenommen und ist Mitbegründer von Stacksware. Das in San Francisco ansässige Projekt Audius ist eine Blockchain-basierte Streaming-Plattform, auf der Künstler: Ihre Musik kostenlos hochladen; sich direkt mit Musiknutzern verbinden; sicher sein, dass sie die Urheberschaft ihrer Arbeit und alle damit verbundenen Rechte besitzen; schnell mit einem dezentralen Smart-Contract-System bezahlt werden. Der Katalog von Audius befindet sich nicht auf einem zentralen Server, sondern wird über die Blockchain verwaltet und basiert auf einem Open-Source-Protokoll. Laut einer von der Plattform selbst finanzierten und weithin anerkannten Studie landen nur 12 % der Einnahmen in den Händen der Künstler. Im Vergleich dazu zielt Audius darauf ab, ihnen 90 % oder mehr der Zahlungen im Zusammenhang mit Hörer- und Tantiemen zukommen zu lassen. Der Token der Plattform ist Audius, aber sie unterstützt auch bekannte stable Coins. Bislang hat Audius Investitionen in Höhe von fast 6 Millionen US-Dollar von Investoren wie Twitch; 3Lau und Pandora erhalten. Audius ist ein direkter Konkurrent zu Plattformen wie SoundCloud und Spotify. Mehr Informationen findest du auf www.audius.co.

Ujo Music

Ujo Music ist eine von Phil Barry gegründete, multifunktionale Plattform mit Sitz in New York, die darauf abzielt, Smart Contracts und die Ethereum-Blockchain zu nutzen, um die Katalogisierung und den Erwerb von Rechten durch all diejenigen zu unterstützen, die Teil des Musikgeschäfts sind, von Künstlern über Autoren bis hin zu Komponisten und mehr. Ujo Music ist ein Projekt unter der Leitung von Consensys Mesh, einem 2015 gegründeten Unternehmen, dessen Ziel es ist, Projekte zu inkubieren, in innovative Realitäten zu investieren und die Ethereum-Blockchain weltweit nutzbar zu machen. Das Ziel von Ujo Music ist es, Künstlern zu ermöglichen, 100 % der Verkäufe ohne Provisionen zu kassieren. Darüber hinaus bietet die Plattform den Künstlern die Möglichkeit, digitale Sammelbadges zu verkaufen. Obwohl das Streaming von Musik auf dieser Plattform kostenlos ist, ist es auch möglich, Songs herunterzuladen, indem man in Kryptowährungen bezahlt. Bislang können auf der Plattform ETH,Choon und DAI verwendet werden. Bislang haben sich mehrere berühmte Künstler dem Projekt angeschlossen, indem sie Musik hochgeladen haben und Ujo Music gegenüber anderen Plattformen bevorzugen. Unter ihnen sind: Imogen Heap, Giraffage und Grammy-Gewinner Rac. Mehr Informationen findest du auf www.mesh.xyz.

MusicLife

Die Plattform MusicLife wird von der in Singapur ansässigen gemeinnützigen MusicLife Foundation und der in Japan ansässigen Music Life Co. Ltd. betrieben. Das Ziel dieses Blockchain-basierten Projekts ist die Einschränkung der Piraterie durch die Sicherstellung der Urheberschaft jedes Werks und die Schaffung eines neuen Paradigmas des Teilens und eines fairen Zahlungssystems für Künstler. Einfach ausgedrückt handelt es sich um eine Blockchain-basierte Non-Profit-Musikorganisation, die sich darauf konzentriert, die Piraterie einzuschränken und eine neue Zahlungsmethode für Künstler zu schaffen. Jeder einzelne Musikkünstler, der seine Songs auf die Plattform hochlädt, generiert den MusicToken MSCT. Nach 50.000 Streams erhält man auch alle Musikrechte und kann seine Songs handelbar machen. Der generierte Token bietet den Musikern 100 Prozent der Einnahmen basierend auf: Aktivität des Nutzers, Anhördauer und Anzahl der Abspielungen. Die Plattform hat auch eine App namens Echo entwickelt, die es den Nutzern ermöglicht, ihre Musik auf jedem beliebigen Gerät, ob mobil oder stationär, zu hören und darüber wie in einem sozialen Netzwerk zu interagieren. Heute zählt die App über 30 Millionen aktive Nutzer. Mehr Informationen findest du auf www.musiclife.io.

Musicoin

Musicoin ist eine kostenlose Peer-to-Peer-Musikstreaming-Plattform, die die Blockchain-Technologie von NFTs auf der Basis von Ethereum nutzt. Das erklärte Ziel dieses in Hongkong gegründete Projekts ist eine dezentrale und faire Umverteilung von musikbezogenen Gebühren. Allerdings ist nicht viel über die Macher und Köpfe hinter dem Projekt bekannt. Die einzigen durchgesickerten Informationen betreffen den Gründer, Isacc Mao, den Erfinder der Philosophie des Sharismus. Musicoin verfügt über eine eigene Kryptowährung namens Music, mit der es die Streamer für jedes Hören ihrer Lieder dank eines sehr klaren Smart Contracts direkt belohnt. Je nach dem Preis der Kryptowährung variiert die Bezahlung für einen Song, um immer eine faire Bezahlung zu gewährleisten. Um diesen Aspekt zu lösen, hat das Projekt Musicoin ein Modell namens UBI (Universal Basic Income) entwickelt, das sicherstellen soll, dass jeder Künstler eine faire Vergütung erhält. Bei dieser Plattform fließen 100 % der Einnahmen in die Kassen der Künstler. Darüber hinaus ermöglicht Musicoin mit einer Funktion, die der einiger sozialer Streaming-

Plattformen sehr ähnlich ist, das Senden von Musiktipps durch Hörer über eine Wallet. Mehr Informationen findest du auf www.musicoin.org.

ROCKI

Die Musik-Streaming-Plattform ROCKI hat sich zu einem bedeutenden Marktplatz für Musik-NFTs entwickelt. Streaming-Dienste sind bei Musikkünstlern eher verpönt, da die Tantiemen aus diesen Diensten zu niedrig sind und oft die Haupteinnahmequelle eines Künstlers darstellen. Die Streaming-Plattform ROCKI hat jedoch schon immer aufstrebende Künstler gefördert, indem sie dafür gesorgt hat, dass jeder gerecht bezahlt wird, und indem sie das Bewusstsein für die Hindernisse für Musik und ihre Verbreitung geschärft hat. Um diesen Kampf weiterzuführen, hat ROCKI begonnen, NFTs über die Binance Smart Chain zu verwenden. Angetrieben von den ROCKS-Tokens definiert sich die Plattform auch als ein digitales Zahlungsökosystem, das es Künstlern ermöglicht, ROCKS-Kryptowährung für ihre Streams zu verdienen und hybride Abonnements sowohl über Fiat- als auch über Kryptowährungen zu ermöglichen. Bjorn Niclas, CEO und Mitbegründer von ROCKI, beabsichtigt, den NFT-Musikmarktplatz für alle Musikfans und wahren Musikliebhaber erschwinglich zu machen, unabhängig von ihrem Budget. Daher ist der Kauf von NFT-Musik auf ROCKI sehr einfach. NFT-Musik wird in begrenzten Mengen und zu festen Preisen oder in Form einer Auktion angeboten. Da sie auf der Blockchain und auf ROCKI gehandelt werden können, eröffnen diese Musik-NFTs neue Einnahmequellen für Künstler. Zum ersten Mal in der Geschichte können Musik-NFTs auch schnell und einfach auf Sekundärmarktplätzen gehandelt werden, und die Künstler werden tatsächlich von ihrer Arbeit profitieren. Jeder Künstler kann unabhängig seine eigenen Musik-NFTs prägen und seinen eigenen Ausgabepreis für Musik-NFTs festlegen und sie den Fans zum Kauf, Sammeln und Investieren anbieten - alles auf derselben Plattform. Andererseits lieben die Fans Musik und wollen eine direkte Beziehung zum Künstler aufbauen. Das ist der Grund, warum echte Fans Musik konsumieren. Aus diesem Grund bietet ROCKI den Fans Seltenheit, Sammelbarkeit und einen einfachen Zugang. Mehr Informationen findest du auf www.rocki.app.

Music.net

Unter den führenden NFT-Handelsplattformen in der Welt der Musikindustrie kann man diese Online-Handelsplattform, die auf der Musikindustrie basiert, nicht übersehen. Gemeinsam mit seinem Partner Naughty by Nature, einer klassischen Hip-Hop-Supergroup, will Music.net exklusive Musik-NFTs anbieten. Die Plattform basiert auf Abeychain 2.0, Neurothink AI und Machine-Learning-Technologie. Music.net, eine Initiative von VNation! mit dem klaren Ziel, die Musikindustrie mit der ersten dezentralen Musikplattform zu revolutionieren, richtet sich an Musiker, Künstler, Sänger, Songschreiber, Produzenten, Musiklabels, Musikverlage und Musikliebhaber aller Stilrichtungen und Musikgenres. Das Erstellen von Smart Contracts auf Abeychain ist sehr einfach, da man nur ein Formular ausfüllen und abschicken muss. Dann kann man seine eigenen digitalen Assets erstellen, welche validiert werden, damit es nicht gefälscht werden können. Verträge über digitale Musikrechte sind komplex und schwierig zu implementieren. Die Sicherung von Rechten kann schwierig und komplex sein, selbst für Experten der Musikindustrie, von Künstlern bis hin zu Produzenten, Redakteuren und allen anderen, die an der Entstehung eines Stücks beteiligt sind. Music.net revolutioniert die Branche, indem es die Klärung von Musikrechten durch Smart Contracts vereinfacht. DRC Fractional Rights Token können von jedermann besessen und gehandelt werden, sowohl durch Käufe als auch durch Angebote. Die Plattform zielt darauf ab, ein Publikum von kleinen und mittleren Investoren abzufangen, da für den Austausch von DRC Fractional Token kein großes Kapital erforderlich ist. Der Token der Referenz ist der ACT mit niedrigen Kosten für Gasgebühren, Provisionen oder Transaktionen. Music.net ist eine digitale Medienplattform für Künstler und Musiker sowie für Interpreten, Sänger, Songwriter, Produzenten, Labels, Musikverlage und Musikliebhaber aller Stile und Genres, die an einem lebendigen Marktplatz für den Handel mit wertvoller Musik durch NFTs teilnehmen. Mehr Informationen findest du auf www.music.net.

Utopida Genesis (Genesis Art/Genesis Pool)

Utopia Genesis hat gleich mehrere Plattformen entwickelt, die sich an Künstler und Kreative in der Musikbranche richten. Auf der einen Seite steht Genesis Arts, das der Musik gewidmete Portal der NFT. Auf der anderen Seite ist Genesis Pool, das darauf abzielt, Musikprojekte durch die Utopia-Kryptowährung, bekannt als $UOP, zu finanzieren. Das in der Schweiz ansässige Unternehmen hat sich zum Ziel gesetzt, ein Blockchain-Framework für alle in der Musikindustrie Tätigen zu schaffen. Die Stiftung hat seit ihrer Gründung versucht, die Infrastruktur, die Werkzeuge und die Finanzierung bereitzustellen, die für die Entwicklung, die Wartung und das Wachstum einer fairen und nachhaltigen Musikindustrie notwendig sind, indem sie technologische und innovative Werkzeuge wie non-fungible Token verwendet. Die Token, die auf der Plattform verwendet werden können, heißen UOP und stellen die virtuelle Währung des Marktplatzes dar, wodurch Umrechnungskosten, Vermittler und andere Nebenkosten, die die Entwicklung innovativer Ideen in der Musikindustrie belasten, entfallen. In einer Branche wie der Musikindustrie, die für ihre Undurchsichtigkeit bekannt ist, ist Transparenz dringend erforderlich. Jede Person, die

Teil dieser Industrie ist, muss Zugang zu einem unbestreitbaren Beweis haben, dass jedes Musikstück gegen eine Gebühr vervielfältigt wird. Auf diese Weise ermöglicht der UOP-Token, die geleisteten Zahlungen zu verfolgen, ohne dass teure und zeitaufwändige Transaktionen erforderlich sind. Der Kryptowährungsberater Daniele Sestagalli ist derzeit Chief Strategy Officer bei der Utopia Genesis Foundation. Die Nutzung der Effizienz, Transparenz, Sicherheit und dezentralen Natur der Blockchain ist ein unbestreitbarer Vorteil für die Verbesserung der Musikindustrie, eine disruptive Idee, die viele Unternehmen bereits umgesetzt haben. Sestagallis Idee ist es, eine Anlageklasse zu finden und sie liquide zu machen, so wie er es mit Musikrechten vorhat, die als Token auf der Blockchain liquide gemacht werden. Wenn man den Katalog und die Urheberrechte eines Künstlers auf den Markt bringt, werden diese in Bewegung gesetzt und gewinnen an Wert, da sie für mehr Menschen zugänglich sind. Hinter diesem Projekt steht der Wunsch, den Wert des Künstlers von Anfang an zu steigern. Wenn ein Fan den auf der Blockchain registrierten Token kauft, erwirbt er einen Teil des Urheberrechts und finanziert damit den Künstler, während der Smart Contract automatisch die Verteilung der Dividenden unter denjenigen regelt, die diesen Token besitzen. So kann der Künstler von seiner Kunst leben, weil die Fans bereit sind, noch mehr Token zu kaufen, um eine engere Bindung zu ihrem Lieblingskünstler aufzubauen.

Thomas Contin, Präsident der Utopia Genesis Foundation, hat sich zum Ziel gesetzt, eine Infrastruktur zu schaffen, die die Komplexität durch den Aufbau einer Gemeinschaft von Menschen, Partnern, Künstlern und Labels beseitigt. Der von Genesis Art geschaffene musikzentrierte NFT-Marktplatz geht nicht nur intelligent auf die wachsende Nachfrage nach NFTs ein, sondern bietet auch eine Reihe von Tools, die es Künstlern und Musiklabels leicht machen, nahtlos eine vollständig anpassbare Subdomain zu starten, auf der sie den Marktplatz für den Kauf, den Verkauf oder die Versteigerung von Musik verwalten können. Mehr Informationen findest du auf www.utopiagenesis.com.

Blokur

Blokur ist eine innovative Plattform, die künstliche Intelligenz mit der Blockchain verbindet. Das Projekt wurde in Oxford, Großbritannien, von dem Plattenproduzenten Phil Barry ins Leben gerufen, der auch als Berater für das Soloalbum von Radiohead-Leader Thom Yorke, Tomorrow's Modern Boxes, tätig war. Barry leitete die Blockchain Plattform Ujo, die als erste in der Musikwelt NFT-Kodierungen verwendete. Dieses innovative Projekt ermöglicht es Nutzern maschinelles Lernen zu nutzen, um alle verfügbaren Daten in die Blockchain zu bringen. Zudem die menschliche Arbeit zu reduzieren, um den Prozentsatz der Einnahmen von Künstlern zu erhöhen und den Chief Marketing Operations, um den Künstlern genaue Erkenntnisse zur Verfügung zu stellen. Die Plattform ist mit ihrer innovativen Anwendung, die DLT und Blockchain kombiniert, so erfolgreich, dass sie bereits mehr als 7.000 Musikverlage und über 50.000 Künstler zählt. Mehr Informationen findest du auf www.blokur.com.

eMusic

Der beliebte Marktplatz eMusic, der 1998 in New York gegründet wurde und sich im Besitz von Dimensional Associates, LLC befindet, ist ein Musikgeschäft mit über 300.000 Abonnenten, das von Tamir Koch geleitet wird. Streaming hat es möglich gemacht, Musik an mehr Orten und zu jeder Zeit zu hören, aber es hat den Vertrieb nicht gerechter gemacht und kein perfektes Gleichgewicht zwischen Angebot und Gegenleistung erreicht. Dennoch hat sich eMusic ständig weiterentwickelt und ist mit der Zeit gegangen. Seit 1998, als die Website den Kauf und das Herunterladen von Musik im MP3-Format ermöglichte, hat sie 250 Millionen Downloads erreicht und ist damit die zweitgrößte Plattform nach iTunes. Im Jahr 2017 kam die Einführung der App und die Ausweitung auf Hörbücher hinzu. Was emusic bietet, ist die Möglichkeit für sofortige Tantiemenzahlungen; Zugriff auf eine Datenbank zur Verwaltung und Überwachung von Rechten; Spontanes Crowdfunding zwischen Fans und Künstlern; Rechteinhaber können ihren Backkatalog monetarisieren.

Zu den Künstlern, die sich der Initiative angeschlossen und ihren Katalog zur Verfügung gestellt haben, gehört die berühmte Sängerin Aretha Franklin. Bislang wurde die Plattform von MyMusicCloud gekauft. Aus diesem Grund stellt eMusic eine einzigartige Lösung dar, um die Verbreitung und den Vertrieb von Musik über die Blockchain zu übernehmen und einzuführen. Die bestehende Community auf der Plattform ist bereits aufnahmebereit, und mehrere unabhängige Labels, Künstler und Fans sind bestrebt, sich gegenseitig zu unterstützen. Es gibt in der Tat eine etablierte Community und einen effizienten Kundenservice, einen umfangreichen Inhaltskatalog und bestehende Beziehungen zu Tausenden von Labels. Darüber hinaus ist die Struktur der Plattform selbst leicht in ein Token-basiertes System umwandelbar. Smart Contracts sorgen für Autonomie, Zuverlässigkeit und Sicherheit, da die Transaktionen auf Peer-to-Peer-Basis erfolgen. Der Ethereum-basierte ERC-20-Token ist eMU, eine digitale Ressource, die nur auf der Plattform verwendet werden kann. Der Kauf über Token ermöglicht auch eine größere Kaufflexibilität für die Nutzer, die sich für ein Abonnement oder kleinere Käufe entscheiden können. Wenn sich die Musikindustrie in Richtung Dezentralisierung bewegt, will eMusic die größte Musik-Streaming-Plattform sein, die vollständig auf die Blockchain umgestellt wird. Mehr Informationen findest du auf www.token.emusic.com.

Heutzutage gibt es viele Musik-Streaming-Plattformen, und die Künstler haben Mühe, sich im Chaos der Tantiemenverteilung zurechtzufinden und ihren gerechten Anteil zu behalten. Glücklicherweise lässt Opus die Musiker 100 % ihrer Gewinne für sich behalten. Daher wird das auf der Blockchain basierende Einnahmensystem dazu führen, dass zentralisierte Streaming-Plattformen langsam verschwinden und einer gerechteren Gewinnverteilung Platz machen. Das Fehlen eines zentralen Servers reduziert auch die Plattformkosten: Im Opus-Player wird die Musik verteilt und die Speicherkosten werden drastisch reduziert. Die Einnahmen aus jedem einzelnen Verkauf gehen direkt, transparent und sicher an die Künstler. Ein weiteres Merkmal, das Opus zu einer attraktiven Plattform macht, ist, dass jeder Fan ein Profil und eine Wiedergabeliste mit seinen Lieblingssongs erstellen und diese zum Verkauf anbieten kann. Auf diese Weise können die Nutzer Geld verdienen, indem sie einfach die Musik hören, die sie lieben, und unabhängige Künstler unterstützen, die ihrem Geschmack entsprechen. Der junge CEO von Opus, Mateusz Mach, möchte die Art und Weise, wie die Musikindustrie funktioniert, verändern und hat deshalb die weltweit erste dezentralisierte Plattform für Musikstreaming geschaffen. Dabei handelt es sich nicht nur um einen Marktplatz, sondern um eine Art Stiftung, die Musik in offener Form und auf der Ethereum- und IPFS-

Blockchain austauschen will. Durch die Nutzung der Geschwindigkeit von IPFS, der dezentralen und unveränderlichen Dateispeichertechnologie von Interplanetary File System, kann OPUS skalieren und Tausende von Tracks pro Sekunde auf dezentrale Weise bereitstellen. Der erstellte digitale Token ist OPT, der für Zahlungen zwischen Künstlern und Fans verwendet wird. Durch OPT können Künstler entscheiden, wie sie die Einnahmen zwischen den Bandmitgliedern aufteilen, und für jeden einzelnen Song können sie ihre Einnahmen mit den Fans teilen, die wiederum ihre Lieblingskünstler unterstützen oder zusätzliche Inhalte kaufen können, um zu sammeln. OPUS glaubt an transparente Regeln, die Unveränderbarkeit von Daten und Datenintegrität auf der Grundlage der Kryptographie, die der Blockchain zugrunde liegt. Aus diesem Grund werden in Smart Contracts die Vergütungsregeln für jede Person in einer Band nach gegenseitiger Bestätigung festgelegt. Smart Contracts nehmen auch Überweisungen an Künstler und Fans auf der Grundlage von Berechnungen vor, die aus den Nutzungsdaten der Plattform gewonnen werden, und all diese Daten und Regeln sind für alle sichtbar. Die Plattform wurde 2016 ins Leben gerufen und ist heute international als eine der innovativsten der Branche anerkannt, die die Regeln und den Weg in die Zukunft vorgibt. Mehr Informationen findest du auf www.opus.audio.

Mediachain

Das 2016 in New York gegründete Projekt zielt darauf ab, einen Algorithmus zu schaffen, der es Künstlern ermöglicht, dauerhaft und eindeutig mit ihren Songs verbunden zu sein. Die Innovation von Mediachain ist genau das, und sie ermöglicht es die genaue Herkunft eines Songs zu kennen; den Urheber automatisch für jede Hörsitzung zu belohnen; Zwischenhändler zu eliminieren, indem die Künstler Smart Contracts ausstellen können, die ihre Tantiemenklauseln explizit angeben. Dank seiner Innovation hatte das Projekt nach nur vier Monaten ein beträchtliches Investitionsvermögen von 1,5 Millionen Dollar von Risikokapitalgebern wie Union Square und Andreesen-Horowitz erworben. Andreessen selbst war einer der ersten Investoren, die das Potenzial von Facebook erkannten, und ist heute Mitglied des Verwaltungsrats des sozialen Netzwerks. Nach nur einem Jahr wurde das Projekt 2017 von Spotify, der führenden Plattform für Musikstreaming, einem 8-Milliarden-Dollar-Medienriesen mit über 100 Millionen monatlich aktiven Nutzern, aufgekauft. Mehr Informationen findest du auf www.mediachain.io.

Die NFT-Sportwelt einfach erklärt

NFT-Token können jeden Gegenstand oder Vermögenswert darstellen, von Kunstwerken bis hin zu Sammlerstücken oder Immobilien. In der Sportbranche hat die Blockchain-Technologie schneller als in jeder anderen Branche an Bedeutung gewonnen, was auf mehrere Faktoren zurückzuführen ist, die zu ihrem Aufstieg geführt haben, wie z. B. das Aufkommen von Fan-Token, die wir in diesem Kapitel besprechen werden. Große Sportligen wie MLB, NBA, UFC, und WWE haben begonnen, NFT-Projekte zu entwickeln, die auf dem Markt sehr beliebt sind. Eine der bekanntesten Anwendungen im Zusammenhang mit der Welt des Sports ist NBA Top Shot von Dapper Labs. Die Anwendung ist ein Marktplatz, der es dem NFT-Besitzer ermöglicht, einen denkwürdigen Moment aus der Welt der NBA zu besitzen. Dapper Labs sicherte sich kürzlich eine Finanzierung in Höhe von 305 Millionen US-Dollar von einer Gruppe prominenter Persönlichkeiten wie Michael Jordan, Kevin Durant und anderen namhaften Sportlern, während das Unternehmen weiterhin mit der UFC über eine bestehende Lizenzvereinbarung zusammenarbeitet, um limitierte Sammlerstücke und digitale Spiele in Form von NFTs zu entwickeln. Die Athleten selbst investieren in bestehende NFTs und Blockchain-Unternehmen und starten gleichzeitig ihre eigenen NFT-Plattformen. Tom Brady zum Beispiel hat den Start seiner NFT-Plattform Autograph angekündigt, die mit einigen der prominentesten Athleten zusammenarbeiten wird, um digitale Sammlerstücke und reale Erfahrungen zu schaffen. Auch die ehemaligen NFL-Quarterbacks Eli Manning und Peyton Manning haben in Zusammenarbeit mit Makersplace, einer beliebten NFT-Marktplatzplattform, ihre eigene Sammlung digitaler Kunstwerke mit dem Namen "The Manning Legacy Collection" auf den Markt gebracht.

Fan-Token sind eine einzigartige Möglichkeit in den Bereichen Sport und Publikumsbindung. Es handelt sich dabei, grob gesagt, um fungible Token, die auf einer bestimmten Blockchain erstellt und verwendet werden und den Fans Zugang zu und Einfluss auf bestimmte Entscheidungen ihrer Lieblingssportmannschaften sowie VIP-Belohnungen, Sonderaktionen und andere Vorteile bieten. Der Unterschied zwischen diesen und NFTs besteht darin, dass Fan-Token austauschbar sind, ähnlich wie Kryptowährungen. Fan-Tokens haben gerade deshalb an Popularität gewonnen, weil sie es den Fans ermöglichen, Entscheidungen in Echtzeit zu beeinflussen und die wertvollsten Spieler auf dem Spielfeld auszuwählen. Im Sommer 2020 brachte der FC Barcelona beispielsweise seinen eigenen Fan-Token, den $BAR, auf den Markt und erzielte in nur zwei Stunden nach der Veröffentlichung des Fan-Tokens einen

Umsatz von 1,3 Millionen Dollar. Die Token wurden in 106 verschiedenen Ländern verkauft und ermöglichten es den Fans, an vielen Entscheidungen des FC Barcelona teilzuhaben, darunter auch an der Gestaltung eines Wandbildes in der Umkleidekabine der ersten Mannschaft.

Fan-Token und NFTs bereichern die Sportindustrie

Zum jetzigen Zeitpunkt kann man ohne zu übertreiben sagen, dass die Sportindustrie einen neuen Weg gefunden hat, um das Engagement der Zuschauer zu steigern. Einige Dinge in der Sportwelt, wie der Jubel in den Stadien, sind unersetzliche Erfahrungen. Token bieten den Fans daher eine neue Möglichkeit, ihre Unterstützung zu zeigen oder ihre Entscheidungen innerhalb des Teams durchzusetzen. Fan-Token ermöglichen es den Teilnehmern, an Umfragen teilzunehmen, frühzeitigen Zugang zum Kartenverkauf zu erhalten und sich dadurch ihren Spielern näher zu fühlen. Bei den Umfragen kann es um verschiedene Dinge gehen, z. B. die Farbe der Umkleidekabine oder exklusive Preise. Alexandre Dreyfus, CEO von Socios.com, weist darauf hin, dass es mit Fan-Token möglich ist, bisher unerschlossene Märkte zu monetarisieren. Zum Beispiel hat die Welt des E-Sports in der Sportindustrie einen erheblichen Aufschwung erlebt. Ganz zu schweigen von digitalen Sammlerstücken, die die Loyalität der Fans nur noch weiter stärken und einen regelrechten Hype um digitale Kunst- und Sportmemorabilia auslösen. Insgesamt vermitteln Fan-Tokens ein Gefühl der Exklusivität. Die Verknappung macht Token, die für die Fans einen enormen Wert darstellen, begehrenswert.

Dies war der Schlüssel zum Erfolg von Top Shot und Highlights sowie innovativen Elementen im Zusammenhang mit dem Fanerlebnis. Die Fans interessieren sich besonders für das Leben der Spieler, auch außerhalb der Spieldynamik, und sind bereit, alles zu tun, um ihnen so nahe wie möglich zu kommen. Es sind die gleichen Fans, die sich für die neuesten Technologien interessieren und sich einbezogen fühlen wollen. Darüber hinaus ermöglichen NFTs eine bessere Verfolgung und Überwachung des Ticketkaufs und -verkaufs bei Veranstaltungen. Mit Hilfe von Smart Contracts können Transaktionen aufgezeichnet und nachverfolgt und die Käufe der einzelnen Fans zurückverfolgt werden, was es den Vereinen und Ligen ermöglicht, die Vorlieben der Fans besser zu verstehen und ihnen einzigartige und zunehmend fesselnde Erlebnisse zu bieten. NFTs stellen eine neue Art dar, Rechte in digitaler Form auszudrücken. Rechte, wie z. B. Lizenzvereinbarungen und damit verbundene Tantiemen, können mit Token versehen werden. Andererseits sind nicht alle Fans über Investitionsrisiken "aufgeklärt". So ist beispielsweise der Verkauf von Aktien für Fußballmannschaften eine komplexe Angelegenheit. Investitionen in Fußball und Sport sind zum Teil auch ein emotionaler Akt, den Menschen aus Liebe zu einer Mannschaft oder einem Champion tätigen.

Was der Investor will, ist die Beteiligung, die Chance, etwas zu den Entscheidungen des Teams beizutragen.

Aus diesem Grund haben Plattformen wie Chiliz Fan-Token entwickelt, die sich als Investition für Laien, Liebhaber und Fans am besten eignen.

Was man über Sport-NFTs wissen sollte

NFTs sind eine wichtige Marketingressource. Doch wie die Sportbranche von der Blockchain-Technologie profitieren kann, geht weit über den finanziellen Gewinn hinaus. Solch große Summen haben sicherlich die Aufmerksamkeit vieler Menschen auf sich gezogen, darunter Investoren, Sammler und Enthusiasten, aber auch Krypto-Neulinge. Genauso wie die großen Sportligen Bekleidung, Videospiele und verschiedene lizenzierte Erinnerungsstücke verkaufen, stellen NFTs eine weitere Klasse des elektronischen Handels dar, die ein noch größeres Anwendungspotenzial haben könnte.

Jeder, der über eine öffentliche IP-Adresse verfügt, kann ein NFT erstellen. Die Kosten gehen relativ gegen Null, und die Lieferung an den Kunden gibt es in der Praxis nicht, da sie sofort erfolgt. Auf diese Weise ermöglichen NFTs den Sportlern, auch außerhalb der Teams Geld zu verdienen, indem sie ihnen die aktive Teilnahme an Initiativen und Veranstaltungen anbieten. Ein solches Beispiel ist der Bleacher Report von Warner-Media, der eine begrenzte Anzahl digitaler Basketbälle im Zusammenhang mit einer Veranstaltung mit prominenten Sportlern während des NBA-All-Star-Wochenendes verkaufte. In 10 Tagen, von der Idee bis zur Umsetzung, hat Bleacher 1 Million Dollar Umsatz gemacht.

Die Blockchain ist eine zukunftsweisende Technologie, die sich gut für verschiedene Sektoren und Branchen eignet. Selbst wenn die Zahlen und Umsätze exponentiell steigen und dann für eine gewisse Zeit abrupt abfallen, wird die Tokenisierung nicht verschwinden. Sie ermöglicht es einem, sich mit einem Publikum von Digital Natives zu verbinden, die virale Inhalte zu schätzen wissen, ein größeres Gefühl der Verbundenheit mit Gemeinschaften zu schaffen und mit Fans zu interagieren und sich zu engagieren. Die LT Fan Platform von Liquiditeam, eine maßgeschneiderte tokenisierte Fan-Community für Sportvereine, ermöglicht es den Nutzern, sich mit Fans auf innovative und kollaborative Weise zu verbinden und mit ihnen zu interagieren. Ein weiteres Beispiel ist Socios, eine App, die eine neue Erfahrung für Sportfans bietet, indem sie es ihnen ermöglicht, vereinsspezifische Fan-Token zu kaufen und zu tauschen, die an Börsen notiert sind, und die ihnen die Teilnahme an bestimmten Aktivitäten ermöglichen.

Vereine und Sportler können Token-basierte Tools nutzen, um Spenden zu sammeln. Token-Angebote mit vollständig konformen Sicherheitsprotokollen können in der Tat eine großartige Ergänzung zu anderen Finanzierungsstrategien und -methoden sein. Mithilfe von NFTs ist es nun möglich, Fans in "Fan-Investoren" zu verwandeln oder einem Pool potenzieller globaler Investoren eine Finanzierung zu ermöglichen. Das bekannteste Beispiel ist zweifellos das von Spencer Dinwiddie von der National Basketball Association (NBA), der seinen Fans diese symbolische Verbindung angeboten hat.

Es gibt viele Sammler, die es kaum erwarten können, die Möglichkeiten der NFTs zu nutzen. Vielleicht hat kein Markt in naher Zukunft mehr Potenzial als die Sammelkartenindustrie. Der Siegeszug der NBA Top Shot hat die Nachfrage nach NFT-Sportkarten bereits bestätigt. Infolgedessen beginnen andere Ligen, dasselbe zu tun. Ein Beispiel ist die Fantasy-Fußballplattform Sorare. Die im Jahr 2019 gestartete Plattform verzeichnete im November 2020 1.000 Spieler und wuchs bis heute massiv an. Sorare weist zwar Ähnlichkeiten mit Top Shot auf, verwendet aber Sammelkarten als Spieler für ein Fantasy-Fußballteam. Die Nutzer erstellen Aufstellungen mit den gesammelten Karten, um in Fantasy-Fußballspielen anzutreten. Sorare hat etwas mehr getan als andere Plattformen, die Sammelkarten enthalten, indem es ein Fantasiespiel rund um die Karten entwickelt hat, was NFTs für die Öffentlichkeit noch attraktiver macht. Obwohl der Wert der Fußballkarten geringer zu sein scheint als der von NBA Top Shot, ist die Idee viel ehrgeiziger als nur der Verkauf von Karten.

An Einnahmen mangelt es in der Sportbranche nicht, das steht fest. Aber nicht alle Spieler kommen in den Genuss der gesamten Einnahmen aus dem Verkauf ihrer Bilder. Deshalb ermöglicht das automatisierte NFT-System den Spielern, durch Tantiemen zusätzliche und gerechtere Einnahmen zu erzielen. Jedes Mal, wenn ein NFT, das sie besitzen, verkauft wird, erhält der betreffende Spieler einen bestimmten Prozentsatz. Die Verarbeitung von tokenisierten Rechten des geistigen Eigentums und die Lizenzierung von Mikrosystemen könnten es ermöglichen, ein automatisiertes, reaktionsschnelles und intelligentes System zur Erhebung und Verteilung von Lizenzgebühren für digitale Inhalte aufzubauen. Ein solches System würde sicherlich eine Menge Innovationen in diesem Bereich hervorbringen, von Sportmedien bis hin zu Spieleherausgebern.

NFTs ermöglichen es, eine direktere Beziehung zwischen Fans und ihren Idolen aufzubauen, da es außer der Verkaufsplattform keine weitere Vermittlung zwischen dem NFT-Eigentümer und dem Käufer geben würde. Fan-Token kommen diesem Bedürfnis entgegen und schaffen den Raum, die Token an einen tatsächlichen Nutzen zu binden, der eine größere emotionale Nähe schafft.

NFTs eröffnen einen neuen Weg für das Ticketing bei Sportveranstaltungen, Meet & Greets und darüber hinaus. Die Anwendung von Smart Contracts und Blockchain auf eine Dienstleistung wie das Ticketing kann verschiedene Probleme eindämmen und neue Einnahmemöglichkeiten eröffnen.

Für eine Sportmannschaft oder einen Sportverein bedeutet die Öffnung für den systematischen Verkauf von NFT eine Diversifizierung ihres Kapitals durch den

Erwerb von Kryptowährungen aus Käufen ihrer Fans. Konkret bedeutet dies, dass man auf Kryptowährungen zählen kann, die im Laufe der Zeit veränderlich sind und systematisch im Wert steigen und daher als kurz- oder langfristige Investition erkannt werden können. Ein praktisches Beispiel für diesen Vorteil ist die Vorgehensweise des NBA-Teams Dallas Mavericks von Investor Marc Cuban. Vor Jahren begann der Basketballverein, Zahlungen in Dogecoin zu akzeptieren und beschloss, keine Dogecoins zu tauschen oder zu verkaufen. Das bedeutet, dass er im Laufe der Jahre, ohne sein eigenes Geld zu investieren, ein Kapital in Kryptowährungen erworben hat, das seinen ursprünglichen Wert dramatisch erhöht hat.

Wo Sport-NFTs bereits eingesetzt werden

Der Wert und die Nachfrage nach NFTs sind verblüffend. Das liegt daran, dass jeder Enthusiast, ob von Sport, Büchern, Filmen, Musik oder etwas anderem, es liebt, Fanartikel und Erinnerungsstücke jeglicher Art zu sammeln und jede Gelegenheit zu nutzen, um Veranstaltungen zu besuchen, die nur für ihn geschaffen wurden. Und natürlich sind die Fans an NFTs interessiert. Das Konzept der non-fungiblen Token passt perfekt in die Sportbranche, und die NBA hat dies mit Top Shot, das bisher über 600 Millionen Dollar generieren konnte, gut verstanden. NBA Top Shot ist ein Blockchain-basiertes Sammelkartensystem, auf dem Basketballfans offiziell lizenzierte Video-Highlights mit ihren Lieblingsspielern kaufen, verkaufen und tauschen können. Die Blockchain-Technologie bringt viele Vorteile für die Bereiche Sport und eSports mit sich. So wird Blockchain beispielsweise häufig eingesetzt, um Anreize für Fan-Interaktionen zu schaffen und einzigartige Erlebnisse zu ermöglichen. Sie ermöglicht es den Sportlern auch, ihre Leistungen über Vereinbarungen zur Einnahmeaufteilung zu finanzieren. Die Blockchain-Technologie in der Sportbranche erfindet das Fan-Erlebnis neu, um innovative Engagement-Möglichkeiten zu entwickeln, und hat durch die Monetarisierung des Engagements neue Einnahmequellen für Teams und Vereine geschaffen. Exklusivität ist der Kernwert von NFTs. Die Informationen auf der Blockchain werden sicher aufgezeichnet und gespeichert. Alle Informationen über den Eigentümer des digitalen Vermögenswerts werden sicher und für alle sichtbar gespeichert. Fans und Besitzer der Token können in diese investieren und damit Geld verdienen, was ein neues Monetarisierungsmodell darstellt. Dies beantwortet zum Teil eine häufig gestellte Frage: Warum zahlt jeder so viel Geld für den Besitz von NFTs? Von außen betrachtet mag das alles unglaublich erscheinen, aber es gibt keinen Grund, sich darüber zu wundern. Wir haben uns daran gewöhnt, dass einzigartige Objekte, die vielleicht berühmten Personen gehören, und Erbstücke einen hohen Wert haben. Echtheit, Einzigartigkeit, Seltenheit und Beliebtheit machen alles sehr wertvoll und damit auch teuer. Im Fall von NFTs ändert sich nichts, außer der Technologie und der Art und Weise, wie die Informationen über die Echtheit und den Kauf eines Produkts gespeichert werden. Um auf der Welle der NFTs mitzureiten, haben Sportler und Ligen damit begonnen, verschiede ne Arten von Token zu prägen.

Sammelkarten

Sorare ist eines der prominentesten Beispiele im Bereich der virtuellen NFT-Spiele. Das virtuelle Fantasy-Fußballspiel wurde 2018 von Nicolas Julia und Adrien

Montfort entwickelt. Auf Sorare kann man Teams erstellen, Belohnungen auf der Grundlage von Spielergebnissen verdienen und virtuelle Teams mit digitalen Spielkarten kaufen, verkaufen, handeln und verwalten. Diese sind nicht nur Spielgegenstände, sondern können aufgrund ihrer Seltenheit und Einzigartigkeit auch gesammelt werden. Außerdem ermöglicht die Blockchain-Technologie im Zusammenhang mit NFTs die Erstellung und Monetarisierung eigener Fantasy-Sportteams. Ein Beispiel für eine wirklich innovative Nutzung von Sammelkarten in der Sportwelt ist die Möglichkeit, NFTs zu erwerben, die mit den eigenen Lieblingsspielern verknüpft sind und deren Wert sich je nach deren Leistung auf dem Spielfeld ändern kann. Ein praktisches Beispiel für diese Innovation ist die Rob Gronkowski Championship Series-Kollektion, die die OpenSea-Plattform nutzte und vier NFT-Karten in limitierter Auflage sowie eine 1-in-1-Karriere-Highlights-NFT enthielt, die ein Mash-up der vier Karten darstellte, um an seine SuperBowl-Siege zu erinnern. Der mehrfache NFL-Champion hat nicht nur diese Jetons verkauft, sondern auch seine NFT Career Highlights 1 in 1 digital signiert, die unter anderem folgende Vorteile in der realen Welt bieten: zwei Eintrittskarten für ein NFL-Spiel und zwei VIP-Tickets für die erste Strandparty des Spielers. Diese NFTs, die mit der Blockchain Ethereum als ERC721-Token geprägt wurden, wurden für insgesamt 860 ETH (damals 1,4 Millionen Dollar) verkauft.

Sportvideos, Memes und GIFs

Videoclips, Memes und animierte GIFs waren schon immer ein wesentlicher Bestandteil des digitalen Sport-Ökosystems. Fans erstellen und verbreiten online aufwändige Videos über ihre Lieblingsspieler. Es sind dieselben journalistischen Medien und dieselben Sportligen, die neue Videos produzieren, um die Wünsche und Bedürfnisse der Fans zu befriedigen. Mit der von Blockchain zur Verfügung gestellten Technologie ist es heute möglich, diese einzigartigen und ikonischen Momente in NFTs zu verwandeln. Eine der bekanntesten und weltweit anerkannten Plattformen ist NBA Top Shot, auf der der Entwickler Dapper Labs hochwertige Videos auswählt, konvertiert und dann zum Kauf anbietet. Wer diese Videos kauft, kann sie sammeln und in seinem persönlichen Schaufenster ausstellen oder sie auf dem Marktplatz von NBA Top Shot weiterverkaufen. Eines der eindrucksvollsten Beispiele ist das Video von LeBron James' Dunk, aufgenommen am 6. Februar 2020. Darin zollt der NBA-Spieler dem kürzlich verstorbenen Champion Kobe Bryant Tribut. Dieses Video wurde für 387.600 Dollar verkauft. Insgesamt sind die auf der Plattform verkauften Pakete so erfolgreich, dass sie in nur einem Jahr ein Tauschvolumen von über 30 Millionen Dollar erreicht haben. Eine weitere Plattform, die schnell einen riesigen Markt erobert hat, ist SportsIcon, die plant, mit Weltmeistern zusammenzuarbeiten, um einzigartige NFTs von deren ikonischsten

Momenten zu entwickeln. Zu den aktuellen Investoren gehören: Roham Gharegozlou, CEO von Dapper Labs; Chad Hurley, Erfinder und ehemaliger CEO von YouTube und Andrew Bogut, ehemaliger NBA-Champion.

Ein Sportler kann auch NFTs Sammlungen oder seltene Einzelstücke verkaufen, die ihm gehören. In diesem Fall kann er seine persönlichen Fotos von ikonischen oder unerreichbaren Momenten monetarisieren und findet einen bereiten und lebhaften Markt von Sammlern und Sportfans. Gleichzeitig eröffnet sich ein Sekundärmarkt von unglaublichem Wert für Sportfotografen, die auch die kommerziellen Rechte am Original behalten können. Ein praktisches Beispiel dafür ist die LeBron-Statue, die bis heute auf OpenSea über 10.000 ETH (etwa 35 Millionen Dollar) wert ist. Kimani Okearah, der Fotograf, der das Bild im Jahr 2020 aufgenommen hat, versteigert die exklusiven nicht-kommerziellen Rechte.

Trophäen, Kleidung, Accessoires und Sportausrüstung

Durch die Öffnung für eine neue Art des Merchandising wird es möglich sein, die Zwischenhändler zu umgehen, indem die Aufmerksamkeit ausschließlich auf die Fans gelenkt wird und sie ihre Unterstützung für ihre Lieblingsmannschaften direkt zeigen können. Zu den vielen Vorteilen gehört die einzigartige Möglichkeit, gefälschte Merchandising-Artikel und Sportsammlerstücke zu eliminieren. Ein praktisches Beispiel für eine solche Nutzung war das NBA-Team Golden State Warriors, das unmittelbar nach dem Gewinn der Meisterschaft eine Kollektion von Meisterschaftsringen und Tickets in limitierter Auflage in NFTs auf den Markt brachte. Das in San Francisco ansässige Team wollte mit dieser Initiative auch seine enthusiastischsten Fans belohnen. Deshalb wird der erste Bieter, der die NFTs kauft, das physische Äquivalent des von den Warriors gewonnenen Ringmaterials erhalten. Beim Kauf von sechs Ringen wird ein NFT-Banner Championship Warriors freigeschaltet. Ein weiterer spannender Einsatz ist die innovative Nutzung von MLB Champions, das von der Major League Baseball entwickelt wurde. Hier können die Nutzer sammelbare NFTs als Fantasiegegenstände kaufen, mit denen sie simulierte Baseballspiele spielen und sich auf der Grundlage ihrer Leistungen Statistiken verdienen können. In nur zwei Wochen hat das Spiel trotz des Rückzugs der Sportliga aus der Partnerschaft über 50.000 Dollar eingebracht.

Sportverträge als Smart Contracts

NFTs, Blockchain und Smart Contracts eröffnen eine völlig neue Welt für Sportverträge. Immer mehr Teams und Athleten suchen in dieser Welt nach mehr Transparenz bei der Verteilung von Bildrechten, Tantiemen und Gehaltszahlungen. Die Unveränderlichkeit der Blockchain ermöglicht den Vereinen und den Spielern selbst eine größere Sicherheit in Bezug auf die Unmöglichkeit, diese zu verfälschen. Durch das Blockchain-System werden alle Daten eines Spielers unveränderlich und unersetzlich sein, was auch eine Archivierung ihrer Aufzeichnungen in Übereinstimmung mit den Anti-Doping-Regeln ermöglichen könnte. Diese neue Möglichkeit scheint ein wirklich einzigartiger Weg zu sein, um die persönlichen Daten von Sportlern und Sportteams zu schützen und gleichzeitig die Historie und Testergebnisse perfekt lesbar zu machen. Darüber hinaus eröffnet es eine neue Ära für die Speicherung von Daten über einen Sportler: Medizinische Untersuchungen, Aktuelle Leistungen, Transfers zu verschiedenen Vereinen usw. All diese Informationen an einem dezentralen Ort zu haben, wird sowohl Profisportlern als auch Mannschaften zugute kommen und kann für Agenten und Sponsoren sehr nützlich sein.

NFTs für den guten Zweck im Sport

Es gab schon immer eine enge Zusammenarbeit zwischen Mannschaften, Vereinen und Spielern bei der Durchführung von Wohltätigkeitsinitiativen, die einen echten Einfluss auf das Leben der Menschen haben. Die exklusive Möglichkeit von NFTs erlaubt es, den Diskurs zu erweitern und zu modifizieren und ihn auf andere Ebenen mit verschiedenen Vorteilen zu bringen. So profitieren beispielsweise Investoren und Fans, die sich beteiligen möchten, durch Smart Contracts und Blockchain von einer größeren Transparenz hinsichtlich ihrer Beteiligung an einer wichtigen, gemeinnützigen Sache. Gleichzeitig erhalten die Vereine die für sie bestimmten Mittel schneller und ohne Zwischenhändler. Ethernity Chain hat diese Nutzung von Sport-NFTs zu seinem Grundpfeiler gemacht. Diese auf Ethereum basierende Plattform stellt ihr Know-how Sportlern zur Verfügung, die wohltätige Aktionen durchführen wollen. Der berühmte Fußballspieler Pelé nutzte die Plattform, um einige Sammelbilder von ihm zu versteigern, die über 750.000 Dollar einbrachten - 90 % davon gehen direkt an die Stiftung des Spielers, die gegen Armut und für die Bildung von Kindern kämpft.

NFTs und das Ticketsystem

Token und Blockchain-Technologie können auch beim Ticketsystem eingesetzt werden. Ted Leonsis, CEO von Monumental Sports & Entertainment, äußerte seine Vision von Tokenized Tickets. Die Vorteile, die er sieht, reichen von der Möglichkeit, den Sekundärmarkt von all jenen Tickets zu befreien, die heute nur zu dem Zweck gekauft werden, sie zu nicht wettbewerbsfähigen Preisen weiterzuverkaufen. Ein Ticketing Service, der auf dem Verkauf von NFT-Tickets an Fans auf der ganzen Welt basiert, wird durch die Kombination mit digitalen Sammlerstücken eine Verbindung zwischen dem digitalen und dem physischen Leben ermöglichen, die bis vor einigen Jahren noch undenkbar war. NFTs in der Welt des Ticketing können zu mehreren wirklich außergewöhnlichen Vorteilen führen, insbesondere in Bezug auf die Organisation und das Management von Sportveranstaltungen auf verschiedenen Ebenen. Für die Fans ist der Besitz eines NFT, welches manchmal mit anderen Arten von Vermögenswerten oder Vorteilen verbunden ist, eine neue Grenze für das Sammeln von Eintrittskarten. Für Veranstalter bietet das Ticketing in NFTs den Vorteil des Zugangs zu einer dezentralen Finanzfunktion (Defi). So können sie beispielsweise mit diesen Tickets als Sicherheiten Geld und Liquidität beschaffen. Wenn die Tarifverträge zwischen den Verbänden und den Spielern eine direkte Beteiligung an den Einnahmen vorsehen, können die Tantiemen für die Sportler sofort und gerecht umverteilt werden.

Im Falle von Sportstätten wird die Aufnahme von Sonderklauseln und Nutzungsbedingungen, die neben dem Namen des Eigentümers auch eine genauere Zuordnung der Eigentumsverhältnisse vorsehen, die Räumung der Linien und den Zugang zu den Arenen und Stadien erleichtern und für mehr Ordnung sorgen.

NFTs und E-Sport

Der eSport hat in der Welt des Sports einen gewaltigen Einzug gehalten, und heute trainieren Profispieler wie Sportler und haben millionenschwere Verträge und Sponsorenverträge. Die Verknüpfung von NFTs mit der Welt des eSports bedeutet, dass Profispieler und Amateure über die in einem Spiel gekauften Gegenstände verfügen können. Heutzutage ist es üblich, dass Gamer Gegenstände und vieles mehr kaufen, aber bis zur Wende durch die NFTs konnte ein Gamer nicht über die Rechte an einem in der digitalen Welt eines Spiels gekauften Gegenstand verfügen.

Zu den Plattformen, die dem am meisten Aufmerksamkeit schenken, gehört F1 Delta Time, das es einem nicht nur ermöglicht, spannende Motorsportrennen zu spielen und zu fahren, sondern auch Gegenstände im Spiel zu kaufen: Reifen; Autos; Komponenten; Fahrer; Rennstrecken und vieles mehr. Diese Gegenstände als NFTs zu besitzen bedeutet, sie wirklich zu besitzen. Der Spieler hat die Möglichkeit, sie sowohl innerhalb als auch außerhalb des Spiels zu verkaufen. Das Tauschvolumen dieser Plattform beläuft sich auf durchschnittlich 1 Million Dollar pro Woche.

Die bekanntesten NFT-Sportprojekte

Tom Bradys Autograph

Autograph wurde von Tom Brady gegründet und wird von Gründer und CEO Dillon Rosenblatt zusammen mit Cody Berlin, Josh Payne und Ted Russell geleitet. Autograph ist eine einzigartige, erlebnisorientierte NFT-Plattform, die die kultigsten Marken und bekanntesten Namen aus Sport, Unterhaltung, Mode und Popkultur zusammenbringt, um erstaunliche digitale Sammlerstücke zu schaffen. Es handelt sich um ein hochinnovatives Projekt, das auch aufgrund der Prominenz des ehemaligen Quarterbacks der New England Patriots und siebenfachen Super Bowl-Champions, der einzigartige Sammlerstücke erstellen will, von sich reden macht und damit eine Welle des Interesses ausgelöst hat. Autograph wird auch interaktive Angebote wie Live-Auktionen, physische Produktabgaben und persönliche Erlebnisse anbieten.

Dotmoovs

Dotmoovs bietet seinen Nutzern die Möglichkeit, sich den nativen MOOV-Token zu verdienen, indem sie an einer Reihe von Herausforderungen teilnehmen und ihre Fähigkeiten unter Beweis stellen. Berühmte Fußballspieler wie Luis Figo und Ricardo Quaresma sind die Markenbotschafter der Plattform. Dotmoovs Ziel ist es, geografische und physische Beschränkungen aufzuheben und es den Sportlern zu ermöglichen, gegeneinander anzutreten, als ob sie sich am selben Ort befänden. Wie können zwei Sportler gegeneinander antreten, wenn sie in verschiedenen Teilen der Welt spielen, wirst du dich fragen? Wie kann die Leistung des jeweiligen Gegners genau und angemessen bewertet werden? Die derzeitigen Methoden zur Messung der Fähigkeiten und Leistungen von Spielern beruhen auf veralteten Ansätzen oder existieren einfach nicht. Bis jetzt gab es keine umfassende und einfache Möglichkeit, die Fähigkeiten eines Spielers in vielen Spielen objektiv zu überwachen. Dotmoovs integriert jedoch fortschrittliche Computer-Vision-Systeme, die auf jede Sportart zugeschnitten sind. Diese Engine verwendet einen zweistufigen Algorithmus, um den menschlichen Körper und die verschiedenen Gliedmaßenpositionen zu erkennen, gefolgt von einem Bewertungsalgorithmus, um die Fähigkeiten eines Spielers zu messen, und bietet Peer-to-Peer-Herausforderungen, um das Training im Laufe der Zeit durch Kryptowährungen und NFTs zu monetarisieren. Sobald das System einen Gewinner ermittelt hat, wird dessen Punktzahl in einer ständig aktualisierten Datenbank berechnet. Das Projekt integriert die Blockchain-Technologie und künstliche Intelligenz, um die Gestaltung von Wettbewerben und Bewertungen zu revolutionieren. MOOV ist der plattformeigene Token und wird zur Belohnung von Spielern und zur Organisation von Spielen und Turnieren verwendet. Dotmoovs ist eine direkte Antwort auf die Pandemie, die Meister und Sportwettbewerbe auf der ganzen Welt eingeschränkt hat.

Red Bull Racing Formel 1

Red Bulls Formel-1-Gruppe, Red Bull Racing Honda, ist eine Partnerschaft mit Tezos eingegangen, um NFT-Token zu entwickeln. Tezos wurde offizieller Blockchain-Partner von Red Bull und hat sein Logo auf den Helmen und Autos der Fahrer als Teil der Vereinbarung. Später kündigte das Aston Martin Cognizant F1-Team ebenfalls eine Blockchain-Vereinbarung an. Tezos ist eine Plattform, die als energieeffiziente Blockchain anerkannt ist. Sie verwendet Proof of Stake anstelle der intensiven Berechnungen von Proof of Work und hat daher einen vernachlässigbaren CO2-Fußabdruck im Vergleich zu anderen Wettbewerbern, insbesondere der aktuellen Version von Ethereum. Diese Eigenschaften, die im Einklang mit der nachhaltigen Rhetorik von Red Bull Racing Honda und dem Ziel der CO2-Neutralität der Formel 1 stehen, sind der Hauptgrund, warum sich das Team für eine Partnerschaft mit Tezos entschieden hat. Christian Horner, Teamchef von Red Bull, ist überzeugt, dass Tezos der richtige Partner für das Team ist. Das Ziel ist, wie bei anderen

NFT-Teams auch, die Einbindung der Fans zu maximieren und einen neuen und innovativen Weg zu finden, um allen Formel-1-Fans ein einzigartiges Erlebnis zu bieten. Aber Red Bull wird nicht das einzige Team sein, das auf NFTs setzt: Auch Aston Martin hat gerade eine Vereinbarung mit Socios unterzeichnet, die es den Teammitgliedern ermöglichen wird, von wichtigen und aufregenden Möglichkeiten der Verbindung und des Engagements mit den Fans zu profitieren.

MotoGP NFTs

Bleiben wir in der Welt des Rennsports, aber dieses Mal auf zwei Rädern, finden wir die erste Sammlung von MotoGP NFTs, in Partnerschaft mit dem in Hongkong ansässigen Blockchain-Spielentwickler Animoca Brands. Die 9.500 Packs der Kollektion, die jeweils drei digitale Karten enthalten, sind bereits ausverkauft. Die Kollektion heißt MotoGP Ignition, und die NFTs repräsentieren einzelne Fahrer und Motorräder der Rennsaison 2020. Die einzige auf der Plattform akzeptierte Zahlungsform war die Kreditkarte, was den Zugang zu den Karten erheblich erleichterte. NFTs konnten auf der Flow-Blockchain erworben werden, dem von Dapper Laps entwickelten Ledger, das auch die Grundlage von NBA Top Shot bildet. Neben dem Handel und Verkauf ihrer NFTs konnten die Besitzer in Kopf-an-Kopf-Rennspielen auf der Online-Plattform von MotoGP Ignition antreten.

Sheesha Finance

Sheesha Finance ist der erste dezentralisierte Kryptowährungs-Fonds, der es Anlegern ermöglicht, einfach auf verschiedene Projekte zuzugreifen, ohne Tage, manchmal Wochen, mit der Recherche zu verbringen. Es hat kürzlich eine Partnerschaft mit Sportsicon angekündigt, einer Plattform, die mit einigen der größten Athleten der Welt zusammenarbeitet, um ihre Karrieren und Vermächtnisse in NFTs zu verwandeln. Die Partnerschaft wird sich darauf konzentrieren, NFTs und DeFi zu nutzen, um es den Fans zu ermöglichen, ihren Sporthelden durch Momente aus ihren ikonischen Karrieren näher zu kommen. Sheesha Finance ist ein dezentrales Finanzunternehmen, das von Saeed Hareb Al Darmaki gegründet wurde. Die Partnerschaft konzentriert sich darauf, die Träume von Sportfans wahr werden zu lassen, indem sie die Kraft von NFTs mit DeFi kombiniert. Wenn Fans auf Sheesha wetten, können sie das Wachstum von SportsIcon finanzieren, ihren Sporthelden näher sein, indem sie Momente ihrer ikonischen Karrieren besitzen, und schließlich sowohl erfahrungsbasierte als auch finanzielle Belohnungen ernten. Der Gründer Chris Worsey entdeckte NFTs zuerst mit Crypto Kitties. Angetrieben von seiner Liebe zum Sport, gründete Worsey im Juli 2020 Sports Icon und versammelte ein beeindruckendes Team von Beratern und Partnern um sich.

Socios

Socios ist vielleicht eines der bemerkenswertesten Projekte im Bereich der Fan-Token und basiert auf der Chiliz-Blockchain. Die App ist sowohl für Android- als auch für iOS-Nutzer verfügbar. Grundsätzlich kann man mit Fan-Token, die man auf der Plattform erwerben kann, an Umfragen zu seinen Lieblingsvereinen teilnehmen. Je mehr Fan-Token man von einem bestimmten Team besitzt, desto größer ist die Chance, dass die eigene Stimme einen Einfluss hat. Die Fan-Token werden bei jeder veröffentlichten Umfrage als Stimmrecht verwendet. Für jede Umfrage, an der man teilnimmt, erhält man Belohnungspunkte, mit denen man wöchentlich von Socios angebotene Preise gewinnen kann. Einmal erhalten, haben die Token des eigenen Teams kein Verfallsdatum und werden nie verbraucht, so dass man sie so oft wie man möchte für jede Umfrage verwenden kann. CEO von Socios ist Alexandre Dreyfus, ein Unternehmer mit langjähriger Erfahrung in der Spiel- und Sportbranche. In den späten 1990er Jahren gründete er Webcity, eine interaktive Plattform für Reiseführer. Später war Dreyfus Mitbegründer von Winamax, das sich zu einer der größten Online-Poker-Websites in Frankreich entwickelte. Zu Dreyfus' Erfahrungen in der Glücksspiel- und Sportszene gehören auch die Übernahme des Global Poker Index im Jahr 2013 und die Gründung von Mediarex. Seine Absicht ist es, mehr und mehr

Sportarten auf Socios anzubieten, einschließlich Cricket und Motorsport, sowie Popkulturprojekte wie Musik oder Fernsehen.

Manchester City

Der aktuelle Premier-League-Meister feierte seinen Sieg mit der Ausgabe von non-fungiblen Token. Die Kollektion besteht aus einer Reihe digitaler Gedenkarbeiten des renommierten multidisziplinären Künstlers Jon Noorlander mit dem Titel The Champions Celebrate, dem wertvollsten Stück, das in einer von den Meistern signierten Sonderausgabe hergestellt wird, dem The Champions Mosaic, sowie der Champions' Medal. Das Sports Innovation Lab zeichnete Manchester City als weltweit innovativstes Team aus, unter anderem wegen der Herausgabe von vier verschiedenen Spielmarken. Manchester City kann einen vielfältigen Zielmarkt ansprechen. Ein nicht genannter Teil der Gewinne aus den NFT-Verkäufen geht an die Wohltätigkeitsorganisation City in the Community im Rahmen des Projekts Cityzens Giving for a Recovery. Eines der Ziele ist die Unterstützung psychischer Probleme bei Jugendlichen, die sich aus COVID-19 ergeben. Eine Saison, die ohne Fans im Stadion gespielt wird, hat den Einsatz von Technologie noch relevanter gemacht, sagte Don Dransfield, Chief Strategy Officer der City Football Group. Manchester City ist Partnerschaften mit Socios eingegangen, um fungible Token zu entwickeln, sowie mit Animoca, um die non-fungible Token herzustellen, mit denen auch Spiele entwickelt werden sollen.

Unblockable

Unblockable wurde von Jeb Terry, einer ehemaligen Führungskraft bei Fox Sports und davor ehemaliger Offensive Lineman bei den Tampa Bay Buccaneers, gegründet. Ziel von Unblockable ist es, den Profisport und die Athleten mit Technologie zu verbinden, neue Zugangsmöglichkeiten zu schaffen und den Fans die Möglichkeit zu geben, ihre Fangemeinde zu feiern und neue Beziehungen aufzubauen. Terry gründete Unblockable zusammen mit Eben Smith, einem ehemaligen Derivatehändler, sowie Greg Dean und Kedric Van de Carr, Unternehmern, die in der Vergangenheit mehrere Kryptowährungsprojekte gegründet haben. Das Startup gab kürzlich bekannt, dass es bereits fünf Millionen Dollar von Shasta Ventures und Lightspeed Venture Partners erhalten hat, wobei Jacob Mullins von Shasta dem Vorstand beitrat. Unblockable nutzt die aufkommende Blockchain-Technologie, um eine neue Kategorie von Erlebnissen und Spielen zu definieren, die Spaß machen, fesselnd und für alle Arten von Verbrauchern zugänglich sind und völlig neue Möglichkeiten für Sportstars, Athleten und Ligen darstellen, neue Beziehungen zu Fans aufzubauen. Die Idee besteht darin, kryptografische Token herauszugeben, die an professionelle Sportler gebunden sind. Jeder "Token" wird einen

Spieler repräsentieren und ein limitiertes Sammlerstück darstellen. Der Wert jedes Tokens hängt von der Leistung des jeweiligen Spielers auf dem Spielfeld ab, und dann wird die Plattform um die Fan-Sport-Komponente erweitert. Die Dynamik wird der des Spielemarktes ähneln und somit an die Leistung des Sportlers auf dem Spielfeld gekoppelt sein. Um die Lücke zu den Fans zu schließen, die nicht an Kryptowährungen interessiert sind, wird der Zugang zum Spiel erleichtert und der Kauf und Verkauf vereinfacht.

Golden State Warriors Legacy NFT Collection

Golden State ist das erste Profi-Sportteam, das eine offiziell lizenzierte digitale Memorabilia-Kollektion herausbringt. Die Golden State Warriors Legacy NFT Collection erinnert an die sechs NBA-Meisterschaften des Teams und enthält digitale Sammlerstücke aus den berühmtesten Spielen. Ein nicht genannter Teil des Erlöses aus der Auktion kommt der Warriors Community Foundation zugute, die seit 2012 bereits mehr als 20 Millionen Dollar für die Bildungsgerechtigkeit in der Bay Area bereitgestellt hat. Zwei außergewöhnliche Sets, die speziell für die Auktion auf der Blockchain geprägt wurden, waren auf der Website GSWNFT.com erhältlich - der Warriors Championship Ring NFT und der Commemorative Ticket Stub NFT, entworfen vom Künstler Black Madre. Diese wurden mit Live-Erlebnissen gepaart, einschließlich der Teilnahme an einem

"Warrior-for-a-day"-Erlebnis und einer persönlichen Präsentation des Meisterschaftsrings während eines zukünftigen Spiels. Brandon Schneider, Chief Revenue Officer der Warriors, sieht in der Digitalisierung eine Chance, Fans weltweit durch Kreativität und Innovation zu begeistern. Darüber hinaus bietet sie die Möglichkeit, in einer Gemeinschaft, die während der Pandemie unterversorgt war, Aufklärungsarbeit zu leisten.

UFC

Dapper Labs ist vor kurzem eine interessante Partnerschaft mit der UFC eingegangen, um digitale Vermögenswerte und ein Spiel innerhalb der Blockchain zu entwickeln, das sich an Fans von Mixed Martial Arts weltweit richtet. Das Projekt ist faszinierend: Es werden limitierte, wenn nicht sogar einzigartige Gegenstände geschaffen, die Sammler nicht nur kaufen, verkaufen und tauschen, sondern auch gewinnen können. Die Initiative wurde ins Leben gerufen, weil die UFC-Fans die leidenschaftlichsten und loyalsten in der Sportwelt sind und ihnen daher die Möglichkeit geben, einzigartige Gegenstände in einem dezentralisierten Netzwerk zu besitzen. Dapper Labs ist bekannt für die Entwicklung der berühmten Cryptokitties und plant nun, Kämpfer wie Conor McGregor auf der Blockchain zu haben. In diesem Fall will die Plattform jedoch die Nutzung von NFTs für Käufer und Enthusiasten noch einfacher machen. Solche Initiativen zielen auch darauf ab, den Verbrauchern durch Spiele und Unterhaltung den Wert neuer Technologien, insbesondere von Kryptowährungen, näher zu bringen. Die spezielle Plattform heißt Flow und differenziert die Validierungsprozesse und trennt damit Zustimmung und Berechnung. Durch die Trennung des Verifizierungsprozesses wird der Fluss des Netzwerks erleichtert. Roham Gharegozlou, CEO von Dapper Labs, sagte, dass die Plattform durch die Zusammenarbeit mit der UFC zeigen will, was möglich ist, wenn man einer engagierten Fangemeinde einen echten Anteil an dem Spiel gibt, das sie liebt. Flow wird es Entwicklern ermöglichen, Smart Contracts zu schreiben und zu testen.

Alphonso Davies

Der kanadische Fußballverteidiger von Bayern München, Alphonso Davies, hat beschlossen, eine Sammlung von NFTs auf dem Binance-Marktplatz zu veröffentlichen.

Es ist nichts anderes als eine Reaktion auf einen Markt, der sich geöffnet hat und für den man nichts anderes will, als das Engagement der Fans zu verbessern. Die NFT-Kollektion von Alphonso Davies wird sich von anderen unterscheiden, da sie neben der Kollektion auch ein exklusives Real-Life-Erlebnis bietet. Der NFT-Marktplatz von Binance wird das beste Nutzererlebnis für Sport- und NFT-Fans bieten. Die Kollektion wird drei einzigartige Designs enthalten und von dem angesehenen US-Illustrator Jack Perkins entworfen. Der Input des Davies-Publikums ist von entscheidender Bedeutung, indem eine soziale Kampagne entwickelt wird, die es den Fans ermöglicht, über jeden Aspekt der Designs der Kollektionen abzustimmen. Die drei Gewinner des Wettbewerbs erhalten dann die NFTs in limitierter Auflage sowie die Chance, ein goldenes Ticket zu erhalten und Davies zu treffen und ein signiertes UEFA-Champions-League-Sieger-Trikot zu erhalten. ATG Sports Management und Davies sind stets bestrebt, zu wachsen und sich an aktuelle Märkte anzupassen, und treten zusammen mit B-Engaged und Binance in den NFT-Markt ein. Davies war in jeder Hinsicht der erste Pionier des Fußballs im NFT-Sektor.

NBA-Star Spencer Dinwiddie

In der NBA gibt es noch einen weiteren beeindruckenden Einsatz von NFTs. Der NBA-Star Spencer Dinwiddie hat beschlossen, seinen Vertrag in Form von NFTs zu symbolisieren. Ungeachtet der Drohung der NBA, ihn aus der Basketball-Profiliga zu verbannen, hat der 26 jährige Point Guard seinen Vertrag mit den Brooklyn Nets in ein Investment namens Dream Fan Shares umgewandelt. Sein Dreijahresvertrag mit den Nets im Wert von 34 Millionen Dollar kann nur von akkreditierten und qualifizierten Investoren erworben werden, die die gesetzlichen Anforderungen erfüllen. Die Token sind 90 SD8-Token oder Professional Athlete Investment Tokens (PAInT) und können für 150.000 Dollar pro Stück verkauft werden, wobei sie ein Jahr lang nicht verkauft oder gehandelt werden dürfen. Als digitaler Vermittler für Spencer Dinwiddies Wechsel fungiert die Plattform Securitize, die es dem Spieler ermöglicht, den 13-Millionen-Dollar-Vorschuss auf seinen Vertrag als eine Art Geschäftskredit in Anspruch zu nehmen. Die Liga hat jedoch einige Möglichkeiten abgelehnt, wie zum Beispiel das Angebot von Dividenden für Investoren, falls Dinwiddie seinen Vertrag im letzten Jahr auflöst, zu einem anderen Team wechselt oder einen neuen Vertrag mit den Nets unterschreibt. Wichtig ist jedoch, dass Dinwiddie eine neue Art des Seins auf der Blockchain eingeführt hat, die einem ehrgeizigeren Zweck diente und eine echte Provokation darstellte. Es war ein Probelauf für Calaxy, ein Mash-up von "Creator's Galaxy", dessen Gründer und CEO Dinwiddie ist. Calaxy ist eine Plattform, auf der Fans Token von Entertainern und Influencern kaufen und diese für den direkten Zugang zu Leistungen ohne Zwischenhändler nutzen können. Das macht Dinwiddie zu einem großartigen Investor, der viele Erwartungen übertroffen hat.

Boxkampf: Canelo Alvarez vs Billy Joe Saunders

Der Kampf wurde am 8. Mai 2021 live auf DAZN ausgestrahlt, das vor und nach dem Spiel NFTs erstellte und zum Verkauf anbot. Und das Experiment hat funktioniert: Es wurden 25 verschiedene NFTs für insgesamt 10.692 ETH verkauft. Die Sammlung trägt den Namen Face the Fearless, und die Token wurden auf OpenSea versteigert. Diejenigen, die vor dem Kampf NFTs in der Bronze-Edition erworben haben, erhielten außerdem ein einjähriges Abonnement für DAZN, das eine Partnerschaft mit Matchroom, der weltweit führenden Box-Promotion, eingegangen ist.

UFC-Schwergewichtschampion Francis Ngannou

UFC-Schwergewichtschampion Francis Ngannou verkaufte nach seinem Titelkampf NFTs im Wert von 580.000 Dollar. Der als "The Predator" bekannte Kämpfer gewann nicht nur den Gürtel, sondern auch die Wette: Der Champion hatte in Zusammenarbeit mit dem digitalen Krypto-Künstler BossLogic einen NFT geschaffen, der nur verkauft werden sollte, wenn er den Titel gewinnen würde. Der Erlös aus dem Verkauf ging an die Francis Ngannou Foundation. Die Kollektion besteht aus vier NFTs mit unterschiedlichem Seltenheitsgrad. Zwei heißen "The Heavy" und "The Uncrowned", und ein NFT in limitierter Auflage namens "Crowned" zeigt ihn mit goldenen Armen und einer Krone auf dem Kopf. Es wurden 11 NFTs für insgesamt 6.500 $ verkauft. Das neueste NFT trägt den Namen Crowned King und ist eine Einzelausgabe. Es zeigt Ngannou, der einen Gürtel mit den Umrissen Afrikas und eine Krone auf dem Kopf trägt, überlagert von der Predator-Maske aus dem gleichnamigen Film von 1987 mit Arnold Schwarzenegger in der Hauptrolle. Ngannou wird zugeschrieben, dass er die Herausforderung erweitert und sie durch die Kraft der Hingabe und die Fähigkeit und Bedeutung der Überwindung von Hindernissen bewältigt hat.

Topps und die Bundesliga

Die Bundesliga feiert die Saison 2020-2021 mit der Veröffentlichung der ersten NFT-Kollektion der Liga. Der Sammelkartenhersteller Topps brachte die Kollektion in Zusammenarbeit mit Ava Labs exklusiv auf Topps-NFT.com und wird von der Avalanche-Blockchain-Plattform unterstützt. Avalanche dient als schnelle und günstige Public Blockchain, die auch als umweltfreundliche Option angesehen wird. Die Topps NFT-Plattform bietet den Nutzern eine zentrale Anlaufstelle, um NFTs von lizenzierten Topps-Objekten zu kaufen, zu verkaufen und zu handeln.

Die Debütsammlung der deutschen Profiliga enthält Superstars, aufstrebende Talente und bemerkenswerte Momente aus der vergangenen Spielzeit und kann seit August 2021 auf dem plattformeigenen Markt gehandelt werden.

Football for Friendship/UEFA-NFT-Trophäe 2020

Die erste NFT-Trophäe für das beste Tor der UEFA-Europameisterschaft 2020 ist eine Idee des berühmten russischen futuristischen Kalligrafie-Künstlers Pokras

Lampas und Gazprom, dem offiziellen Sponsor des Turniers. Das Kunstwerk besteht aus 432 Fußbällen, die die kalligrafischen Muster des Namens der Europameisterschaft und des internationalen Sozialprogramms des Unternehmens "Football for Friendship" für Kinder und dessen Werte - Freundschaft, Gleichheit, Gerechtigkeit, Gesundheit, Frieden, Tradition und Ehre - enthalten. Das Werk soll als physische Arbeit aufhören zu existieren und in einem NFT-Format wiedergeboren werden. Aus diesem Grund wird es die erste digitale Trophäe in der Geschichte des Fußballs sein. Es ist weder das erste noch das letzte Mal, dass Gazprom, seit vielen Jahren ein zuverlässiger Partner der UEFA, Initiativen vorschlägt, die zur Entwicklung des Fußballs in der ganzen Welt beitragen können.

Olympischen Spiele 2020

Anstecknadeln und die Olympischen Spiele sind eine wichtige und traditionelle Kombination. In diesem Jahr gibt es jedoch die Neuigkeit, dass die Anstecknadeln der Olympischen Spiele in Tokio in NFTs auf dem Marktplatz nWayPlay.com verkauft werden. Die Vereinbarung zwischen dem Internationalen Olympischen Komitee und nWay, einer Tochtergesellschaft von Animoca Brands, zielt darauf ab, digitale Pins und Multiplayer-Videospiele zu entwickeln. Timo Lumme, Direktor der Kommunikationsdienste des Komitees, erklärte, dass Pins einen wesentlichen Wert für die Spiele darstellen. Zunächst dienten sie der Identifizierung von Athleten und Kampfrichtern, doch im Laufe der 125-jährigen Geschichte der Spiele sind sie zu einer Tradition geworden. Auf diese Weise werden die Olympischen Spiele 2020, die bereits unter dem Druck der zahlreichen Covid-19-Beschränkungen stehen, vom Handel mit Anstecknadeln profitieren, die in limitierter Auflage zum Verkauf angeboten werden. Die NFTs, die geprägt werden, repräsentieren die Olympic Heritage Collection, die Zeugnisse von Dutzenden von Veranstaltungen sammelt, von den Spielen in Athen 1896 bis zu den Olympischen Winterspielen in Sotschi 2014. Die Fans können die Token auf drei Arten erwerben: Auf der Website nWAyPlay.com; von anderen Nutzern auf demselben Marktplatz und durch das Spielen des Olympia-Videospiels und den Gewinn der Phantom-Pins. Auf diese Weise haben sich die NFTs offiziell dem bedeutendsten Sportereignis der Geschichte angeschlossen.

Polaris Sports

Fußball ist eine der beliebtesten Sportarten weltweit, und die Initiativen, die rund um diesen Sport entstehen, zeigen dies deutlich. Polaris Sports, ein führendes Unternehmen, das die kommerziellen Rechte von Sportlern vertritt, kündigte beispielsweise seine Partnerschaft mit Zilliqa, der sicheren und effizienten Blockchain-Plattform, an, um exklusive non-fungible Token auf der

Grundlage von 10 globalen Fußballchampions zu erstellen und herauszugeben. Bei diesen NFTs handelt es sich um den weltbekannten Stürmer Diego Costa und den südamerikanischen Superstar James Rodríguez, die jeweils für Real Madrid FC, Everton FC und die kolumbianische Fußballnationalmannschaft spielten. Die Initiative zielt darauf ab, den Spielern mehr Autonomie zu geben und ihnen die Möglichkeit zu geben, ihre Marken zu vermarkten. Die NFTs jedes Spielers werden als einzelnes Football Star Pack verkauft und sind in drei thematischen Farben erhältlich: Gold, Kupfer und Stahl. Doch damit nicht genug der Möglichkeiten: Fünf Käufer haben die Chance, ein von einem der Spieler signiertes Trikot zu erhalten. Darüber hinaus hat man die Möglichkeit, signierte Schuhe oder Handschuhe des Spielers zu gewinnen, der mit dem gekauften Paket verbunden ist. Ein elftes und spezielles Superpack in limitierter Auflage wird die NFTs aller 10 Partnerspieler enthalten, zusammen mit einer speziell signierten digitalen Karte, die nur in diesem speziellen Pack erhältlich ist.

E-Sport

Jahr für Jahr hat sich der E-Sport eine wichtige Nische in der digitalen Landschaft erobert. Doch im Gegensatz zu traditionellen Sportarten ist die entmaterialisierte Online-Gaming-Welt bereits vollständig digital, weshalb die technologisch fortschrittliche E-Sport-Landschaft von Anfang an bereit war, NFTs aufzunehmen. Viele Plattformen beeilen sich daher, ihre eigenen Protokolle zu erstellen und sie über die Blockchain zu validieren, um die neuen Verbrauchertrends nicht zu verpassen. Streaming und der Aufstieg von Videospielern zu Profisportlern haben die Welt für das Online-Gaming geöffnet und seine Beliebtheit auch bei Nicht-Gamern exponentiell ansteigen lassen. Diejenigen, die schon lange spielen, kennen den Wert des Online-Erwerbs von Skins und Gegenständen und verstehen die Dynamik von Sammlerstücken, da sie die Digitalisierung vorangetrieben haben. Die non-fungible Token-Innovation im E-Sport ist eine dezentralisierte und egalitäre Umverteilung der Kaufkraft. Die Spieler werden endlich in der Lage sein, Gegenstände zu besitzen, um sie zu benutzen, zu tauschen oder zu verkaufen und damit Vermögenswerte im Spiel zu besitzen, die sonst niemand besitzt. Für Unternehmen bedeutet der Verkauf von NFTs die Möglichkeit, Kapital zu beschaffen und einen völlig neuen Markt zu erobern. Die Einführung von Blockchain-Protokollen für die Produktion von Token im E-Sport ist sowohl für Unternehmen als auch für Spieler von großem Vorteil. Genauso wie die Spieler in der Lage sein werden, Eigentum an den im Spiel erworbenen Gegenständen zu erwerben, werden die Unternehmen ihre Monetarisierungsmöglichkeiten erweitern. NFTs sind jetzt ein grundlegender Katalysator für das Wachstum des E-Sports. Schauen wir uns die führenden Plattformen, die derzeit die Aufmerksamkeit von Spielern und Investoren auf sich ziehen, im Detail an.

Sorare Fantasy-Fußball

Das Phänomen Sorare ist mittlerweile weit bekannt. Es handelt sich um einen Sammelkartenmarkt, auf dem man Spieler aus den 20 wichtigsten Fußballligen der Welt kaufen und verkaufen kann. Als eine Art virtueller Fantasie-Fußball ermöglicht Sorare das Sammeln von Punkten auf der Grundlage von Spielergebnissen in der Tabelle. Die Leistung der Spieler beeinflusst also die Punktzahl auf der Plattform. Die Stärke dieser Plattform liegt in der Anzahl der angebotenen Spieler mit Originalwappen und -gesicht sowie in der Einzigartigkeit und Transparenz jeder Karte. Zusätzlich zu den Einnahmen aus den Ergebnissen und dem Spiel selbst verdienen die Spieler auch durch den Verkauf von Karten an andere Nutzer, möglicherweise zu einem höheren Preis aufgrund der besseren Leistung. Die Nutzer können sowohl in Ether (ETH) als auch in Euro kaufen und verkaufen. Es gibt verschiedene Arten von Turnieren, an denen man teilnehmen kann, und die Teams haben fast alle die offiziellen Lizenzen zur Verfügung gestellt, von Juventus bis Roma, Bayern München und viele andere.

Sorare wurde von Nicolas Julia und Adrien Montfort gegründet. Ersterer war VP of Operations bei Stratumn und hat zwei Masterabschlüsse von renommierten Universitäten, einen in Management und einen in Wirtschaft. Letzterer war Chefingenieur desselben Unternehmens, leitete eine Gruppe von Ingenieuren im Bereich Blockchain und arbeitete mit der Europäischen Weltraumorganisation und der Kryptowährungsbörse Paymium zusammen. Sorare erfreut sich immer größerer Beliebtheit, so dass allein der Umsatz 88 Millionen Dollar beträgt. Mit dem Beginn der Fußballweltmeisterschaft hat Sorare auch viel Aufmerksamkeit von den Spielern für den Kauf von nationalen Karten erhalten. Es wurden sogar Sammelkarten für Nationalmannschaften produziert.

Esports Fight Club

Diese Plattform, die mit Kampfvideospielen zu tun hat, ist sehr bekannt geworden, nachdem sie ein Proof-of-View-Protokoll patentiert hat, das ein neuer Standard für die NFT-Authentifizierung werden könnte. Um ein praktisches Beispiel für das weltweite Interesse an diesem Phänomen zu geben, könnte man sagen, dass 36 Millionen Zuschauer das Weltfinale des Videospiels League of Legends verfolgten. Esports Fight Club wurde von Verasity ins Leben gerufen, einem Unternehmen, das Protokolle und Spielplattformen für den E-Sport entwickelt und es den Spielern ermöglicht, verschiedene Gegenstände zu kaufen, zu erobern, im Spiel zu verwenden und auf dem Sekundärmarkt zu verkaufen, wie z. B.: Waffen, Abzeichen, Skins, Poster, Videos von den Höhepunkten der gespielten Turniere. Sehr interessant für erfahrene Spieler, bietet diese Plattform auch einen proprietären Videoplayer, der in der Lage ist, Daten zu kontextualisieren, d. h. die Anzahl der Zuschauer, die einen Videostream ansehen, und die Absichten der Nutzer zu überwachen. Angesichts der großen Aufmerksamkeit, die diese Plattform in der Welt der Gamer und Fans genießt, wurde vor kurzem die offizielle Partnerschaft mit der Valorant Champions Tour Riot Game für den gesamten asiatischen Raum bekannt gegeben. Dieses Turnier wird der erste offizielle Wettbewerb des bekannten Spiels Valorant sein.

F1 Delta Time

Animoca Brands, ein in Hongkong ansässiger multinationaler Hersteller zahlreicher beliebter Spiele und exklusiver Vertreiber von CryptoKitties in China, hat mit F1 Delta Time ein Spiel entwickelt, das auf der Ethereum-Blockchain basiert. Dieses Spiel ermöglicht es den Spielern nicht nur, an Autorennen teilzunehmen, sondern auch fast alles zu sammeln, was mit der Formel 1 und ihren grundlegenden Eigenheiten zu tun hat. Alles ist funktional für das Spiel und die Leistung im Rennen. Der F1 Delta Time Grand Prix, ist ein Rennen, das es den Spielern ermöglicht, echte Formel-1-Rennen mit freiem Training, Qualifying und Rennen zu emulieren. Die erste Etappe des F1 Delta Time Grand Prix fand auf dem Circuit de Monaco statt.

Für jede Strecke gibt es vier Stufen: A, B, C und D, und vier verschiedene Arten von Rennwetter: heiß, trocken, leichter Regen und starker Regen. Jeder Spieler muss jede Wetterkombination in jedem Level gewinnen, um Fähigkeiten, Gegenstände und Preisgelder zu erhalten. Die Spieler können Folgendes sammeln: Autos, Fahrer, Modeschmuck und Renngegenstände/-komponenten. Sobald der Spieler in den Besitz dieser NFTs gelangt ist, kann er sie auch verkaufen oder tauschen. Ein praktisches Beispiel: Fünf einzigartige und offizielle Gegenstände auf Delta Time wurden bereits zu unglaublichen Preisen verkauft: Der Formel-1-Grand-Prix 2020 von Monaco 1A wurde für rund 223.000 Dollar verkauft. Das digitale Auto Apex Bahrain Edition 2020 F1 Delta Time wurde für 77.414 Dollar verkauft. Die 2019 Formula 1 France Edition wurde für 25.000 Dollar verkauft. Das digitale Sammlerauto Landmark "1-1-1" wurde für 113.000 Dollar verkauft. Bis heute hat die Plattform nicht nur einen großen Erfolg, sondern auch zahlreiche Auszeichnungen als eines der am besten gebauten Spielsysteme der Welt erhalten.

Liquidteam

Eine innovative Tokenisierungs- und Crowdfunding-Lösung für Sportvereine und Profisportler, die auf der Blockchain-Technologie basiert, ist Liquidteam. Um im Profisport erfolgreich zu sein, ist es entscheidend, den Fan in den Mittelpunkt des Prozesses zu stellen. Deshalb hilft Liquidteam dabei, innovative Lösungen für die Einbindung und Finanzierung von Fans zu finden. LT Fan ist eine White-Label-Anwendung, die allgemein als eine der erfolgreichsten und Teil der Organisationen mit den meisten Fans in der westlichen Wettkampfszene anerkannt ist. Liquid Team wurde von Hendrik Hoppenworth zusammen mit Tommaso Eulero, Jonas Rubel und Dr. Oliver Krause gegründet und ist eine Exzellenzplattform im E-Sport, die seit dem Jahr 2000 in den Niederlanden existiert, wo sie unter dem Namen Starcraft bekannt war. In den frühen 2000er Jahren hat sich die Organisation weiterentwickelt und wurde in allen Aspekten zu einer Multi-Gaming-Plattform, die in mehreren wettbewerbsfähigen Titeln, Einzel- und Mannschaftswettbewerben, vertreten ist - das Äquivalent zu einem traditionellen Multi-Sport. Das Konzept einer Spielhalle hat sich zu einer Einrichtung entwickelt, die den Spielern ein größeres körperliches und geistiges Wohlbefinden ermöglicht. Die Sportfans der Generation Z und der Millennials verlangen, dass professionelle Sportorganisationen neue Strategien zur Einbindung entwickeln, die Spaß machen und fesseln. Sammlerstücke und Erinnerungsstücke haben im Sport eine lange Geschichte. Seit Generationen sammeln Fans Baseball-Karten oder Panini-Sticker, Autogramme, Trikots und andere Gegenstände im Zusammenhang mit ihren Lieblingsvereinen und -spielern. In den letzten zehn Jahren haben sich virtuelle Güter zu einer Multimilliarden-Dollar-Industrie entwickelt, die vor allem vom Spielemarkt angetrieben wird. Da die Fans bereits im Zentrum des Ökosystems und der Wirtschaft des Profisports stehen, besteht der nächste Schritt darin, ihnen die Möglichkeit zu geben, ihre Zugehörigkeit in Form von Investitionen zum Ausdruck zu bringen. Hier kommt das tokenisierte Crowdfunding von Liquid Team ins Spiel.

Major League Baseball Champions

Major League Baseball Champions, das 2018 ins Leben gerufen wurde und jetzt auch als MLB Crypto Baseball bekannt ist, ist die weltweit erste offiziell lizenzierte Sammler- und Spielplattform für NFT. In diesem Spiel, ähnlich wie bei Sammelkarten und Fantasy-Baseball, haben Nutzer die Möglichkeit, Sammelkarten ihrer Lieblingsspieler zu kaufen und zu verkaufen und echte Spiele mit ihnen zu spielen. Die von dem in Los Angeles ansässigen Videospielentwickler Lucid Sight inc. entwickelte Plattform war innerhalb von nur zwei Wochen so erfolgreich, dass sie bereits über 50.000 Dollar einbrachte und ein Ökosystem schuf, in dem die Teams der weltbesten Baseballwettbewerbe das Engagement und Interesse der Fans steigern wollen. Ein einzigartiges Merkmal dieser Plattform ist, dass der Wert jeder Karte fast sofort nach der tatsächlichen Leistung des Spielers bewertet wird. Für Sammler eröffnen sich dadurch unendlich viele Möglichkeiten, die Karte eines aufstrebenden Spielers zu besitzen und damit dessen Wert im Spiel steigen zu sehen. Gleichzeitig ermöglicht der Besitz der Karte eines leistungsstarken Spielers denjenigen, die sie zu Geld machen wollen, die gleiche MLB-Plattform oder externe Unternehmen zu nutzen, um ihre Token zu verkaufen. Mehr Informationen findest du auf www.mlbc.app.

Die erfolgreichsten Sport-NFTs bislang

Die explosionsartige Verbreitung von NFTs als Sportsammlerstücke gehört zu den aufregendsten und vielseitigsten Zweigen des Multiversums der non-fungiblen Token. Dank der NFTs kann man Sport-Sammelkarten und Erinnerungsstücke sammeln und besitzen, die sonst unerreichbar wären. Für die Fans bedeutet dies, ein einzigartiges und identifizierbares Objekt zu besitzen und vor allem etwas zu besitzen, dessen Wert im Laufe der Zeit aufgrund seiner Seltenheit und des nostalgischen Instinkts der Sammler steigen wird. Viele dieser Karten und Sammlerstücke sind auch mit der Leistung der Spieler verknüpft, was ihren Wert im Laufe der Zeit nur noch steigern kann. Wie bereits in der Vergangenheit geschehen, kann man ein NFT-Sammlerstück kaufen, das mit einem bestimmten Spieler verbunden ist, und es verkaufen, wenn der Spieler oder der Verein bedeutende Siege erringt. Für viele Sammler bedeutet der Besitz eines einzigartigen Objekts, ihre Verbundenheit mit einem unvergesslichen Moment und mit einem Sportler zu zeigen. Gleichzeitig haben viele Spieler den Vorteil, dass sie den physischen Besitz der Objekte, die sie mit der NFT-Welt verbinden, behalten können, um Liquidität zu erwerben und ihre Bindung zu den Fans zu stärken, ohne auf Dinge verzichten zu müssen, die ihnen emotional wichtig sind. Nun zeige ich dir einige der teuersten und erfolgreichsten Sport-NFTs weltweit.

Statue von Lebron James

Dies ist unter den NFTs im Sportbereich zweifellos die bekannteste und am häufigsten zitierte und hat den unglaublichen Wert von über 21,5 Millionen Dollar erreicht, eine Zahl, die sie an die Spitze der Liste bringt. Dieses Foto, das von dem Fotografen Kimani Okearah aufgenommen wurde, gewährt dem Eigentümer alle nicht-kommerziellen Rechte an dem Werk. Es zeigt den mehrfachen Weltmeister King James in einem Los Angeles Lakers-Trikot bei einem Dunk. Einige Investoren gehen davon aus, dass der Wert des Bildes weiter steigen wird, da der NBA-Champion ab der nächsten Saison (2021-2022) seine historische Trikotnummer 23 zur Nummer 6 ändern wird.

Brett Gardner

Dieses Sport-NFT ist mit dem Baseballspiel MLB Champions verbunden, das zuvor von der Liga selbst genehmigt wurde. Dieses spezielle NFT gewährt seinem Besitzer alle Exklusivrechte an Baseball-Ass Brett Gardner, Center Fielder der New York Yankees, im virtuellen Raum. Das Besondere an diesem NFT ist, dass die virtuelle Figur umso mehr an Wert gewinnt, je besser der echte Champion auf dem Spielfeld spielt. Es hat mittlerweile einen Wert von über 21,2 Millionen Dollar erreicht.

Jermall Charlos Solo Lions Gold Ultimate

Diese Sammlerkarte hat unter den Boxfans einen echten Kultstatus erlangt und den unglaublichen Preis von über 19 Millionen Dollar erreicht. Das Bild zeigt den Champion, wie er am 7. Dezember 2019 einen Kampf gegen Dennis Hogan gewinnt und damit die Gürtel der Boxwelt vereinigt. Auf diese Weise wurde der junge Mann aus Houston WBC-Weltmeister im Mittelgewicht, mit einer Bilanz von 31 Siegen aus 31 Kämpfen, davon 22 durch K.o.

Michael Jordan Sportpunk

Diese 8-Bit-Kryptopunk-Darstellung von Michael Jordan wurde von Larva Labs erstellt und ist über 5 Millionen Dollar wert. Der exorbitante Preis ergibt sich aus der Tatsache, dass es sich um eine einzigartige Kreation (1/1) handelt, die in eine Sammlung von nur 100 Darstellungen des berühmtesten Sportlers der Welt eingebettet ist.

Diego Maradona 2020-2021 Spielerkarte

Diese seltenen Karten des Sport-Asses Diego Armando Maradona wurden in nur 100 Exemplaren hergestellt und haben seit seinem bedauerlichen Tod im Jahr 2021 einen enormen Wertzuwachs erfahren. Diese Karten zeigen den ehemaligen Spieler in der Traineruniform des argentinischen Vereins Gimnasia de la Plata bei seinem letzten Arbeitseinsatz. Diese Spielerkarten sind mittlerweile über 4 Millionen Dollar wert.

Aaron Judge

Aaron Judge ist der Right-Fielder des MLB-Teams der New York Yankees und debütierte im Jahr 2016. Heute ist sein NFT mehr als 2,1 Millionen Dollar wert. Der Wert dieses NFT ist in den letzten drei Jahren entsprechend seiner Gesamtleistung gestiegen. Er könnte weiter steigen, wenn der Right Fielder die World Series erreicht oder gewinnt.

Markus Lynn "Mookie" Betts (Legendary)

Ein weiterer Baseball-bezogener NFT-Token, der die Spitze der Liste der meistverkauften Token erreicht hat, ist der des Right-Fielders des Baseballteams Los Angeles Dodgers. Markus Lynn "Mookie" Betts ist der Gewinner von zwei World Series - eine mit den Boston Red Sox im Jahr 2018 und eine mit den Los Angeles Dodgers im Jahr 2020. Der NFT ist mittlerweile über 2 Millionen Dollar wert.

Kobe Bryants letzter Tweet

Der nächstteuerste NFT ist der letzte Tweet von Kobe Bryant vor seinem frühen Tod, der zusammen mit dem seiner Tochter und sieben weiterer Spieler die Sportwelt und die ganze Welt schockierte. Er wurde für fast zwei Millionen Dollar verkauft. Die Besonderheit dieses Tokens ist, dass er eine Kontroverse in der Welt des Verkaufs von Sport-NFTs auslöste. Er stammt wahrscheinlich von einem russischen NFT-Ersteller. Das Urheberrecht dürfte in diesem Fall jedoch bei der Familie Bryant oder alternativ bei Twitter liegen. Daher wirft dieser Verkauf die Frage auf, wer den rechtmäßigen Besitz eines Tweets haben sollte, bevor er als NFT zum Verkauf angeboten werden kann. Der NFT ist mittlerweile über 1,9 Millionen Dollar wert.

Signierter Basketball des Dream Teams von 1992

Dieser vom gesamten Dream Team von 1992 - dem Basketballteam, das als eines der stärksten der Welt gilt - signierte Spalding-Ball wurde als NFT für über 1 Million Dollar verkauft, zusammen mit Figuren der gesamten Startaufstellung. In diesem Fall ist das physische Eigentum an dem Ball und den Figuren selbst nicht übertragbar.

Michael Jordans 1988-1989 Fleer Mind Diamond Karte

Dieser NFT ist eine Reproduktion der physischen Michael Jordan 1988-89 Fleer Mint Diamond Karte mit einem physischen Wert von $1.700. Viele Sammler haben versucht, eine Reproduktion dieser Karte zu erwerben, um sie in ihre privaten Sammlungen aufzunehmen. Der NFT ist mittlerweile über 900.000 Dollar wert.

F1 ultimate 70th Anniversary Edition

Die Besonderheit dieser NFTs besteht darin, dass sie auf der Plattform F1 Delta Time verkauft wurden, einem E-Sport-Spiel, das mit der Formel 1 verwandt ist und der gleichen Meisterschaft gehört. Sie sind mittlerweile über 800.000 Dollar Wert.

Space Jam Jersey

Ein weiterer NFT im Zusammenhang mit der Michael Jordan ist die Reproduktion des Trikots, das der NBA-Champion bei den Dreharbeiten zum Kultsportfilm Space Jam trug. Dazu gibt es Reproduktionen von zwei Michael Jordan's Space Jam Puppen. Obwohl das physische Eigentum nicht verkauft wird, gibt es ein formelles Versprechen des Sportlers, die Objekte nicht zu verkaufen. Die Michael-Jordan-Dreaming-Sammlung, zu der viele der teuersten NFTs der Welt gehören, ist ein praktisches Beispiel dafür, wie die berühmtesten Sportler sofortige Liquidität erhalten und gleichzeitig im Besitz ihrer persönlichen Erinnerungsstücke bleiben können, und wie sich die Fans gleichzeitig mit etwas Besonderem verbunden fühlen können, indem sie solche Gegenstände digital besitzen. Der NFT ist mittlerweile über 700.000 Dollar wert.

David Beckham Karte 2012-2013

Diese in nur 100 Exemplaren geschaffene digitale Karte wird für über 400.000 Dollar verkauft und hat einen kolossalen Wert auf Sammlerebene erlangt, da sie den berühmten Fußballspieler David Beckham während seiner letzten Saison bei Paris Saint-Germain darstellt.

Die besten NFT-Sportmarktplätze

NBA Top Shot

Unter den Plattformen, die dem Sport gewidmet sind, steht NBA Top Shot definitiv an der Spitze der Liste, sowohl als Phänomen von internationaler Tragweite als auch als innovative Plattform in der Branche und in Bezug auf den geschäftlichen Erfolg. Die offizielle Ankündigung fand im Oktober 2020 statt, als das auf der Blockchain-Technologie basierende Portal sofort Millionen von Interessenten anzog. Dieses Projekt zeigt, dass die NBA immer auf der Suche nach Wachstumsmöglichkeiten ist und die Welt der Sammlerstücke und Sporthighlights revolutioniert hat. Basketball war die erste Sportart, die sich an der Kryptowelt beteiligte. NBA Top Shot ist eine Plattform für digitale Sammlerstücke, die auf der Blockchain-Technologie basiert. Im Moment können Nutzer "Momente" oder Highlights und ikonische Momente, die während NBA-Spielen aufgetreten sind, in Form von offiziell lizenzierten, nummerierten Video-Highlights kaufen, verkaufen und handeln. Der Vorgang ist virtuellen Karten sehr ähnlich, da der Marktplatz intern ist und die Momente durch digitale Knappheit garantiert und in Pakete unterteilt sind: gewöhnlich, selten, und legendär. Die Ankündigung eines neuen Drops erfolgt acht Stunden vor dem eigentlichen Verkauf, und viele müssen sich "anstellen", um die begehrtesten Videos zu bekommen. Hinter dem großen Interesse, dem Erfolg und den Investitionen stehen zwei Faktoren: Der erste ist die Expansion des virtuellen Sammelns, das im Jahr 2020 explodierte und als Markt weiter wächst. Der zweite ist, dass es sich nicht nur um virtuelle Objekte handelt, sondern um ein - wenn auch nicht exklusives - Videobild einer Sportaktion. Zusammen mit der Einzigartigkeit des NFT selbst verleiht dies dem elektronischen Objekt potenziell einen intrinsischen und autonomen Wert. Mehr Informationen findest du auf www.nbatopshot.com

Blocsport

Blocsport entwickelt fortschrittliche Lösungen für Sportler, Vereine und Fans mit neuen Technologien wie Blockchain, Smart Contracts und Biometrie. Blocsport bietet dabei Scouting und Spielertransfers an. Scouting ist entscheidend für eine Sportart, egal ob Fußball oder Basketball. Um die richtigen Talente zu finden, bedarf es intensiver Recherche, Vorarbeit und teurer Ressourcen. Daher ist der Transfer von Spielern von einem Verein zu einem anderen ein komplexer Prozess für Vereine, die ihre Spieler international kaufen und verkaufen möchten. Deshalb bietet Blocsport eine Spieler-ID als Lösung an. Eine ID ist digital, unveränderlich und basiert vollständig auf der Blockchain, um die Herausforderungen des Scoutings und des Transfers von Spielern effizient zu bewältigen. Diese unveränderlichen Spieler-IDs enthalten verifizierte Informationen über die Athleten, einschließlich ihrer persönlichen und beruflichen Daten und ihres Leistungsverlaufs. Jeder Verband, Verein oder Athlet kann auf die in der Datenbank verfügbaren Informationen in Echtzeit zugreifen, sie teilen und ihre Authentizität überprüfen. Üblicherweise sind Sportverträge papierbasiert, werden manuell erstellt, sind anfällig für Fehler und Betrug und können nicht sofort überprüft werden. Blocsport bietet jedoch Blockchain-basierte Sportverträge und Smart Contracts, die extrem sicher, zuverlässig und vollständig automatisiert sind. Tokenisierung kann nachhaltige Liquidität für Sportaktivitäten bieten, die für Fans, Athleten oder Vereine im Allgemeinen illiquide sind. Die Plattform bietet die Möglichkeit, Token für Vermögenswerte zu generieren und sie auf dem Marktplatz zu handeln, um finanzielle Reibungen zu reduzieren. Zur sicheren Tokenisierung von Spielerrechten, Verträgen und Sportwerten wird die vollständig konforme Plattform zur Erstellung und Ausgabe digitaler Vermögenswerte in drei Rechenzentren in der Schweiz gehostet. Blocsport ist der führende Pionier im Bereich biometrischer Blockchain-Implementierungen und bietet Lösungen für Vereine, Spieler und Fans. Mehr Informationen findest du auf www.blocsport.one.

Chiliz

Chiliz wurde 2012 in Malta gegründet und ist ein Ethereum-basierter Utility-Token. Chiliz bietet den Fans eine gewisse Entscheidungsbefugnis und ermöglicht es Sportunternehmen, mehr mit ihren Fans in Kontakt zu treten. Der Unterschied zu anderen Plattformen besteht darin, dass der CHZ-Token über Proof-of-Authority (PoA) funktioniert, ein alternatives System zu den traditionellen PoW und PoS, das als sicherer gilt. Chiliz ist ein ERC20-Utility-Token, der auf der Ethereum-Blockchain liegt und als digitale Währung für die Plattformen Chiliz und Socios dient. Der Start dieser Plattform hat die Entstehung eines Fan-Tokens ermöglicht. Fans kaufen CHZ über eine Kryptowährungsbörse, um Fan-Token zu erwerben. Sie dienen auch als Eintrittskarte für eine Art von Fan-Mitgliedschaft. Neben dem Hauptsitz in Malta hat Chiliz inzwischen auch Büros in Frankreich, Spanien und sogar in der Türkei und Brasilien. Chiliz agiert als Vermittler zwischen Fans und Unternehmen und schließt Partnerschaften mit Sportmannschaften. Das erste Produkt für Verbraucher ist nach wie vor Socios, wo Fans Stimmrechte für ihre Lieblingsmannschaften kaufen können. Mehr Informationen findest du auf www.chiliz.com.

Lympo

Lympo ist ein auf der Ethereum-Blockchain basierendes Startup, das einen neuen Ansatz für die Verwaltung von nutzergenerierten Gesundheits- und Wellness-Daten einführt. Sein Ziel ist es, ein globales Ökosystem zu schaffen, das den fairen und gerechten Austausch von nutzergenerierten Sport-, Gesundheits- und Wellnessdaten ermöglicht und belohnt. Es wurde geschaffen, um die Welt zu einem gesünderen und gerechteren Ort zu machen, indem ein Ökosystem von den Nutzern erzeugten Gesundheits- und Fitnessdaten direkt geschaffen wird, in dem Menschen und Unternehmen mit Hilfe des Lympo-Tokens (LYM) Daten auf faire Weise austauschen können. Das System ist für Unternehmen und Fitnessstudios und Trainer, die datengesteuerte Gesundheitslösungen entwickeln können, und sogar für Einzelpersonen, die elektronische Geräte zur Leistungsüberwachung nutzen, konzipiert. Lympo spricht die Bedürfnisse von Menschen an, denen ihre Gesundheit, ihr Lebensstil und ihr Wohlbefinden wichtig sind. Darüber hinaus haben sich diese Sorgen um einen gesunden Lebensstil in den letzten Jahren zu einem Trend und Wachstumsboom entwickelt, aber es gibt ein Kohäsionsproblem zwischen Benutzern, Unternehmen und Daten. Viele tragbare Geräte können zum Beispiel das Aktivitätsniveau der Nutzer, ihre Essgewohnheiten, die Herzfrequenz, den Schlafzyklus oder sogar den Blutdruck messen. Solche Daten sind voller wertvoller Informationen und werden von verschiedenen Unternehmen und Forschern nachgefragt. Allerdings sind die großen Datenmengen, die von Gesundheits-Apps und -

Geräten gesammelt werden, nicht miteinander kompatibel und es fehlt ein einziger universeller Zugangspunkt. Daher überbrückt Lympo diese Lücke, indem es ein neues, gerechtes System für mobile Gesundheitsdaten einführt, das Anreize für die Nutzer schafft, gesünder zu werden und ihre Daten zu teilen. Außerdem bietet es mehr Transparenz und Kontrolle. Lympo will Gesundheits- und Fitnessdaten durch Belohnung von Nutzern, die ihre Gesundheitsziele mit LYM erreichen; Rückgabe der Kontrolle über die Daten in die Hände der Kunden; Schaffung von mehr Transparenz bei der Datenerfassung; Förderung von Innovationen, revolutionieren. Lympo wurde nicht als Blockchain geboren. Es war zunächst ein System, das Menschen mit Personal Trainern verband, die hauptsächlich in Litauen tätig waren und bereits in die USA expandierten. Das Team besteht aus erfahrenen Sportunternehmern, Softwareingenieuren und Beratern. Der LYM-Token ist eine Kryptowährung, die zur Bezahlung von Wellness-, Fitness- und anderen Produkten und Dienstleistungen verwendet werden kann, die auf die Verbesserung der Gesundheit abzielen. Er kann auch auf einer Austauschplattform gehandelt werden. Lympo-CEO Ada Jonuse bekräftigt, dass das Ziel darin besteht, Menschen zu inspirieren, gesünder zu sein und das Unternehmen zu vergrößern, indem es 20 % seiner Aktien an Benutzer verschenkt, die mehr als 10.000 LYM erreichen. Mehr Informationen findest du auf www.nft.lympo.io.

Blocksport

BSPT ist ein auf der NFT-Plattform basierendes Token-Dienstprogramm, das die Grundlage für Transaktionen bildet und zum Kauf von NFT-Vermögenswerten, Fan-Token und zur Teilnahme an den Funktionen und Dienstleistungen der Plattform verwendet werden kann. Die von Blocksport entwickelte NFT-Plattform basiert auf der Ethereum-Blockchain und der Binance Smart Chain (BSC) und unterstützt Kernfunktionen wie die Ausgabe und Versteigerung von NFT-Assets im Sport. Blocksport zielt darauf ab, ein Ökosystem für Sport- und E-Sport-Fans zu schaffen, das Spiele, Sport-NFT-Sammlungen und Fan-Community-Management integriert und eine Dienstleistungsplattform für die vertikale Sportindustrie in einer Kryptowelt schafft. Blocksport bringt NFTs von Sport-Assets auf den Markt, wie z.B. Sammelkarten, Bilder, Erinnerungsstücke, Videos, Merchandise, die von Fans nicht nur dauerhaft gesammelt, sondern auch gehandelt oder verkauft werden können. Darüber hinaus sind auf Blocksport auch Fan-Token zu finden. Fans, die im Besitz von Fan-Token sind, können an wichtigen Vereinsentscheidungen teilnehmen und diese beeinflussen, indem sie die Fan-Integration durch den Play-to-Play-Modus verbessern. Mehr Informationen findest du auf www.blocksport.io.

Shirtum

Shirtum ist ein internationaler Marktplatz für digitale Vermögenswerte, auf dem Spieler ihre Geschichten mit Fans teilen und sie einladen können, sich direkt an digitalen Sport-Memorabilia-Sammlungen zu beteiligen. In einer Art digitalem Museum stellen Spieler Trikots, Trophäen und besondere Erinnerungsstücke aus, die ihre Erfolge geprägt haben, und erzählen die Geschichte hinter jedem einzigartigen, auf Video aufgezeichneten Moment. Fans sammeln und tauschen in benutzerdefinierten Galerien Münzen in limitierter Auflage, die mit jedem Erinnerungsstück verbunden sind. Die zugrunde liegende Technologie bietet eine dynamische und vielseitige Benutzeroberfläche, die Transaktionen erleichtert und plattformübergreifend integriert. Die Blockchain-Technologie ermöglicht die Authentizität, Rückverfolgbarkeit und Unveränderbarkeit von Sammlungen. Shirtum schafft eine direkte Verbindung zwischen professionellen Spielern und Fans aus der ganzen Welt und verleiht dem Sammeln eine neue Dimension. Der SHI-Token ist der ursprüngliche Token, der das Shirtum-Netzwerk antreibt und in erster Linie für den Kauf digitaler Vermögenswerte auf der Plattform verwendet wurde. Im Allgemeinen bietet der Besitz dieser Token wertvolle Belohnungen für die Nutzer und reichlich Möglichkeiten für Neuinvestoren. Mehr Informationen findest du auf www.shirtum.com.

Rage Fan

Rage Fan ist eine nicht lizenzierte, dezentralisierte und transparente Spielplattform für alle Sportfans. Rage Fan basiert auf der Smart Chain, einer der effizientesten und skalierbarsten Blockchains überhaupt. Smart Chain ist mobil verfügbar und sorgt für Skalierbarkeit und Benutzerfreundlichkeit, während es gleichzeitig nahezu Null Transaktionskosten bietet. Einer der Hauptgründe für die Gründung von Rage Fan ist es, zum ersten Mal eine zentralisierte Mainstream-Plattform zu einer vollständig dezentralen Erfahrung zu machen. Das Ziel von Rage Fan ist es, das Benutzererlebnis zu verbessern, indem es einfacher wird und es jedem ermöglicht, zu spielen. Rage Fan hebt sich deutlich von anderen Plattformen dieser Art ab, denn die anderen haben eine zentralisierte Verwaltung, eine unklare Transaktionsverarbeitung und -abrechnung, hohe Provisionen und zusätzliche versteckte Kosten, wenig bis keine Mitsprache der Fans, wenn es um die Funktionsweise der Plattformen geht, und sind insgesamt sehr komplex. All diese Probleme halten die Nutzer davon ab, der Plattform beizutreten. Rage Fan hingegen funktioniert wie eine App, bei der man sich registriert und eine eigene Wallet erhält. Auf der Plattform kann man alle Sportarten ansehen und seine Lieblingssportart auswählen. Es handelt sich um eine vollständig mobil ausgerichtete Plattform mit einer effizienten, intuitiven und einfachen Benutzeroberfläche. Sobald man eine bestimmte Sportart ausgewählt hat, werden einem verschiedene verfügbare Spiele und Ligen angezeigt. Danach kann man sein eigenes Team erstellen und die transparenten Spielregeln befolgen. Am Ende des Spiels können sich die Nutzer in der Rangliste wiederfinden. Der native Token, RAGE, ist ein ERC20 Token. Mehr Informationen findest du auf www.rage.fan.

Diagon

Diagon ist ein dezentralisiertes E-Sport-Ökosystem, das es Menschen auf der ganzen Welt ermöglicht, ihre Fähigkeiten zu testen und in 1v1- und Gruppenmatches gegen andere Spieler für große Online-Spiele wie Destiny 2, League of Legends, Apex Legend, Dota 2, Counter-Strike Global Offensive und Fortnite anzutreten. Diagon's System besteht aus einem globalen Ticketing-System, das E-Sport, Kunst, Unterhaltung und mehr unterstützt. Die Währung DNG kann für Wetten innerhalb des wettbewerbsorientierten Ökosystems von Diagon verwendet werden, das eine Umgebung bietet, in der Spieler nahtlos gegeneinander antreten können, sowie eine ansprechende Plattform, die ein profitables System für jeden Spieler, jedes Team, jede Gruppe, jedes Publikum - egal ob Gelegenheitszuschauer oder Fan - und jeden Investor schafft, um vom E-Sport zu profitieren. Diagon bringt Spieler und Fans zusammen und ermöglicht es E-Sport-Fans, über eine integrative und automatisierte Plattform mit einem nahtlosen Erlebnis an ihren Lieblingsspielen teilzunehmen. Diagon organisierte zum Beispiel ein Mortal-Kombat-E-Sport-Turnier, an dem über 80 Mortal-Kombat-Spieler teilnahmen und bei dem die Gewinner 500 Dollar und 10.000 Dollar in DGN erhielten. Mehr Informationen findest du auf www.diagon.io.

Schlusswort

Was gibt es abschließend noch zu sagen? Ich bin fest davon überzeugt, dass NFTs uns in Zukunft alltäglich begleiten werden und ich sehe eine reifüberlegte Investition in gute NFT Projekte derzeit so, als hätte man Bitcoin in den frühen Jahren gekauft. Nutze diese Chance, eigne dir weiterhin wissen an, es ist noch früh!

Ich habe an diesem Buch sehr viele Monate gesessen und mein ganzes Herzblut reingesteckt. Wenn es dir gefallen hat und du einen Mehrwert bekommen hast, würde ich mich riesig freuen, wenn du auf Amazon eine Rezension verfassen würdest. Ich habe dieses Buch als Selfpublisher veröffentlicht und bin somit auf Rezensionen angewiesen.

Ich danke dir von Herzen und bin guter Dinge, dass du mit dem Wissen aus diesem Buch deinen Zielen einen großes Schritt näher kommen wirst!

Viele Grüße,
Dein Konstantin.

Impressum:
Konstantin Große
c/o AutorenServices.de
Birkenallee 24
36037 Fulda

Verlag: Independently published (Konstantin Große)

Printed in Poland
by Amazon Fulfillment
Poland Sp. z o.o., Wrocław

82795611R00176